Uwe Böhm / Manfred Schnitzler

Religionsunterricht in der Pubertät

Fünf Praxismodule für die Klassen 7 und 8

Herausgegeben vom Pädagogisch-Theologischen Zentrum in Stuttgart-Birkach im Auftrag des Dezernats »Kirche und Bildung« des Oberkirchenrates der Evangelischen Landeskirche in Württemberg

calwer materialien

Autoren und Verlag haben sich nach Kräften bemüht, alle Urheber von Text- und Bildquellen zu ermitteln. Leider war dies nicht in allen Fällen möglich. Betroffene Inhaber/innen von urheberrechtlichen Ansprüchen bitten wir sich beim Verlag zu melden.

Wir danken den Kolleginnen und Kollegen in den vier Teams für ihre kreative und engagierte Mitarbeit in der Konzeption, der Erprobung und Evaluation der Module:

Team Schwäbisch Hall:
Walter Gronbach und Claudia May (Leonhard-Kern-Realschule Schwäbisch Hall)
Susanne Meyer und Christa Rohrer (Hermann-Merz-Realschule Ilshofen)

Team Bad Cannstatt:
Petra Conrad und Gert Scholz (Jahn-Realschule, Bad Cannstatt)
Sandra Weiberle und Uwe Collmer (Brunnen-Realschule, Bad Cannstatt)
Miriam Günderoth und Kurt Klöpfer (Ev. Jugendwerk, Bad Cannstatt)
Anke Hinnecke (Hermann-Hesse-Realschule Fellbach-Schmiden)

Team Stuttgart:
Eckhard Geier, Thamara König, Ralf Schusser, Melanie Skowronek und Carmela Sorbara (Freie Evangelische Schule Stuttgart)

Team Mössingen:
Dorothea Weiss und Charlotte Valleix (Friedrich-List-Realschule, Mössingen)
Christina Hartig (Albert-Schweitzer-Realschule, Tübingen)
Karlheinz Müller (Hermann-Hesse-Realschule, Reutlingen)

Oberkirchenrat Stuttgart

Evangelische Landeskirche
in Württemberg

Pädagogisch-Theologisches Zentrum Stuttgart-Birkach

ptz Stuttgart

Bibliografische Information der Deutschen Bibliothek:

Die Deutsche Bibliothek verzeichnet diese Publikation in der Deutschen Nationalbibliografie; detaillierte bibliografische Daten sind im Internet über *http://dnb.ddb.de* abrufbar.

ISBN 978–3–7668–4077–6

Satz: NagelSatz, Reutlingen
Umschlaggestaltung: Karin Sauerbier, Stuttgart
Druck und Verarbeitung: Beltz Druckpartner, Hemsbach

Internet: www.calwer.com
E-Mail: info@calwer.com

Inhalt

Vorwort (OKR Werner Baur) 4

Einführung 5

Bildnachweis 6

Hinweise zum Aufbau der Module 7

MODUL 1
Jakob oder: Wer bin ich?
Erlebnispädagogische Impulse zur Identitätsbildung 9

MODUL 2
Das Buch Esther
Ansätze einer gendersensiblen Religionsdidaktik 49

MODUL 3
Zivilcourage lernen!
Religiöse Bildung kompakt außerhalb der Schule 82

MODUL 4
Gewalt hat viele Gesichter
Ein Beitrag des Faches Religion zur Schulkultur 116

MODUL 5
Basics des Glaubens
Lernen durch Lehren im Religionsunterricht 137

Farbabbildungen 159

Vorwort

»Die Zeit der Jugend ist in ihrer menschlichen Situation gekennzeichnet durch das Erwachen und die allmähliche Entfaltung des Ich. Das bedeutet allein schon für den jungen Menschen eine Zeit stärkster innerer Not. Sein Ich ringt sich allmählich los von der umgebenden Welt und tritt zu ihr in schärfste Spannung. Er wird sich seines Für-sich-Seins, seiner Eigenart, aber damit auch seiner Einsamkeit bewusst.«[1]

Die Jugendzeit im Allgemeinen und die Pubertätsphase im Besonderen sind für die Heranwachsenden eine Zeit der Krise. Diese anthropologische Kennzeichnung der Altersstufe durch Gerhard Bohne dürfte auch heute – fast 100 Jahre später – nichts von ihrer Gültigkeit eingebüßt haben. Bisher Selbstverständliches wird einer kritischen Überprüfung unterzogen. Neues zeigt sich maximal in ersten Umrissen und muss erst noch angeeignet werden. Dieser schwankende Übergang zwischen Rebellion, Neuorientierung und Regression ist für die Heranwachsenden selbst eine anstrengende Zeit, aber auch für die Menschen, die sie in dieser Lebensphase unmittelbar erleben und begleiten: ihre Eltern und ihre Lehrer.

Deshalb ist es nicht erstaunlich, dass der Unterricht mit der einsetzenden Pubertät ebenfalls in eine Krise gerät. Weil die zwischenmenschliche Beziehung für die Qualität von Religionsunterricht so entscheidend ist, gilt die angedeutete Krise für ihn verstärkt: Tradition, Kirche und die sie repräsentierenden Religionslehrer/innen haben einen schweren Stand. Neuere empirische Untersuchungen zum Religionsunterricht bestätigen diese schulische Alltagserfahrung. Religionsunterricht in der Grundschule ist bei den Kindern erfreulich beliebt, und in der Sekundarstufe II wird der diskursive Ansatz des Faches von vielen geschätzt. Allein der Unterricht in der Sekundarstufe I – besonders in den Klassen 7 und 8 – erweist sich als religionspädagogisch »neuralgischer Bereich«. Augen zu – und durch?

Das Dezernat »Kirche und Bildung« im Oberkirchenrat der Evangelischen Landeskirche in Württemberg hat sich mit der Einrichtung einer fünfjährigen Projektstelle in den Jahren 2001 bis 2006 dieser Herausforderung gestellt und hofft, mit dem nun vorliegenden Praxisband den Religionslehrerinnen und Religionslehrern Ermutigung und neue Ideen für einen anregenden und bereichernden »Religionsunterricht in der Pubertät« geben zu können. Vielleicht können die fünf vorgestellten Module dazu beitragen, dass junge Menschen in ihrer Persönlichkeitsentwicklung gestärkt werden, den christlichen Glauben als bleibende Orientierung in der Zeit der Krise neu entdecken und sich bewusst für ein Leben mit Gott entscheiden.

Bei allem religionspädagogischen Bemühen wird diese Entscheidung der Jungen und Mädchen letztlich unverfügbar bleiben: »Nicht die religiöse Persönlichkeit ist das Höchste und nicht die dogmatische Forderung, sich einfach der formalen Autorität zu beugen. Das Entscheidende ist auch für den RU, dass Gott in das Leben des Menschen tritt. Deshalb ist das letzte Ziel des RUs, so seltsam das klingen mag, nicht die menschlich-religiöse Entwicklung zu fördern, sondern sie von Gott her zu stören.«[2]

Das gilt in besonderem Maße für den Religionsunterricht, den Jugendliche während ihrer Pubertät erleben.

Werner Baur, Oberkirchenrat

1 G. Bohne, Das Wort Gottes und der Unterricht, Berlin ^{3}1964, S. 150; Erstausgabe: 1929!
2 Bohne, a.a.O., S. 174.

Einführung

»Es besteht kein Zweifel daran, dass die gemeinsame Planung ein geeignetes Werkzeug zur wechselseitigen Information und Abstimmung sowie für die Entwicklung von Unterricht einschließlich der Überprüfung der Wirksamkeit solcher Entwicklungsprozesse ist. Es ergeben sich nicht nur vielfältige Möglichkeiten der Aufteilung in Kleingruppen, sondern durch Ideenvielfalt resultiert auch mehr Kompetenz und Abwechslung im Unterricht und eine differenziertere Beobachtung des Gruppengeschehens.«[1]

Kollegiale Teambildung war die Grundlage für die Entwicklung der nachfolgenden Module. In vier Teams trafen sich über zwei Jahre hinweg in vierteljährlichem Abstand etwa je fünf Religionslehrerinnen und -lehrer verschiedener Schulen einer Region, um gemeinsam Unterricht für die Altersstufe Pubertät zu entwickeln. Angefangen vom Brainstorming bei der Themenkonstituierung über die Clusterbildung der Vorschläge, die erste Konzeption der Unterrichtseinheit, die individuelle Adaption des Planungsrahmens auf die konkreten Bedingungen und Möglichkeiten der einzelnen Schulen bis hin zum auswertenden gemeinsamen Rückblick sind die folgenden Module das Ergebnis von – ansonsten im Unterrichtsalltag eher seltener – gemeinsamer Unterrichtsvorbereitung. In der Phase der Themenkonstituierung waren ausgewählte Schülerinnen und Schüler der Klassenstufen 7 bis 9 in den Teamsitzungen anwesend und konnten ihre Vorstellungen einbringen.

Aufgrund unserer schulartspezifischen Provenienz haben wir die Module für die Klassen 7 und 8 der Realschule konzipiert. Aber Pubertät betrifft natürlich die anderen Schularten ebenso! Wir glauben, dass sich vieles ohne allzu große Veränderungen auf die Hauptschule bzw. das Gymnasium übertragen lässt. Die Bezüge zu den Bildungsplänen sind deshalb bewusst schulartübergreifend und deuten – je nach Schulart – unterschiedliche Anknüpfungspunkte an.

Drei Module haben wir nicht in diese Unterrichtsmaterialien aufgenommen, entweder weil sie sich zumindest teilweise mit den dargestellten inhaltlich überschneiden oder weil sie sehr spezifisch auf eine bestimmte Schule zugeschnitten waren und nicht ohne Weiteres übertragbar erscheinen. Dennoch sollen sie wenigstens an dieser Stelle genannt werden:
- Umgang miteinander
- So bunt ist Glauben! – Kirchen und Gemeinschaften, aus denen wir kommen
- Wer bin ich? – Identitätsbildung zwischen Mose und Bonhoeffer

Das Projekt »Religionsunterricht in der Pubertät« wurde in den Jahren 2002–2006 von der Evangelischen Landeskirche in Württemberg sowie dem Pädagogisch-Theologischen Zentrum in Stuttgart-Birkach finanziell unterstützt sowie mit Rat und Tat begleitet. Wir danken stellvertretend Herrn Oberkirchenrat Werner Baur sowie Frau Kirchenrätin Silvia Trautwein vom Dezernat II »Kirche und Bildung« sowie Herrn Prof. Dr. Christoph Scheilke und Schuldekan Stefan Hermann für vielfältige Unterstützung.

Zwischen dem offiziellem Projektabschluss (2006) und der Veröffentlichung (2011) sind fünf Jahre ins Land gegangen.

Als Autoren haben wir die Zeit genutzt, um an unseren Schulen einige Module nochmals – zum Teil in mehreren Jahrgängen – in der Schulpraxis zu testen. Einige Optimierungen haben wir ergänzend einfließen lassen. Ebenso haben wir Anfragen und Anregungen von Kolleginnen und Kollegen aus religionspädagogischen Fortbildungen, bei denen wir einzelne Module vorstellen konnten, so weit möglich aufgegriffen und eingefügt.

---

1 Aus: A. Helmke, Unterrichtsqualität – erfassen, bewerten, verbessern, Seelze ^{3}2004, S. 227.

Sollten Ihnen in der Erprobung eines unserer Module Unstimmigkeiten oder Verbesserungsideen auf- bzw. einfallen, würden wir uns über Rückmeldungen freuen.

Danken möchten wir dem Calwer Verlag, besonders Herrn Joachim Hinderer, für die Möglichkeit sowohl Theorie- als nun auch Praxisband zum Thema »RU in der Pubertät« veröffentlichen zu können. Ein kaum mehr in Worte zu fassender Dank schließlich gebührt unserer Lektorin, Frau Britta Hübener, für die geduldige, engagierte, professionelle und stets freundliche Begleitung auf diesem langen Weg hin zur Veröffentlichung!

Wir hoffen, Helmkes Loblied auf die kollegiale Teamarbeit spiegelt sich in entsprechend abwechslungsreichen und vielfältigen Unterrichtsmodulen, so dass die Kolleginnen und Kollegen bei der Durchsicht der Module Lust bekommen, selbst das eine oder andere im Unterricht auszuprobieren. Es würde uns freuen, wenn unsere Ideen dazu beitragen könnten, sich zuversichtlich(er) der herausfordernden Aufgabe religiöser Bildung von Schülerinnen und Schülern in der Pubertät zu stellen.

Im Namen der vier Teams *Uwe Böhm / Manfred Schnitzler*

Bildnachweis

22; **34** Zeichnungen: Reinhard Herrmann. Aus: Elementar Bibel 1, Kaufmann/Kösel, Lahr/München. **42**; **159** © Sieger Köder, Jakobs Kampf am Jabbok. **67** Zeichnung: Marie Marcks, Heidelberg. **72** li: © mauritius images/age, re: © mauritius images/image-broker/Ulrich Niehoff. **74** Fotos: © akg-images. **76** Zeichnung: Beate Dehnen. **92** Zeichnung: H. Langer/CCC, www.c5.net. **114** Zeichnung: Walter Hanel/CCC, www.c5.net.

Hinweise zum Aufbau der Module

Was kann man mit Jugendlichen in der Pubertät in puncto Religion inhaltlich machen, und auf welchen Lernwegen könnte das Fach Religion für sie – wenigstens einigermaßen – attraktiv werden?

Viele Themen wären als Unterrichtsmodul für die Altersstufe »Pubertät« denkbar und sinnvoll gewesen, und unterschiedliche Lernformen scheinen für einen solchen Unterricht besonders geeignet, zum Beispiel diakonisches Lernen.[1] Inhaltlich mag erstaunen, dass von den Teams kein Modul zum Themenfeld »Geschlechtlichkeit – Sexualität« entwickelt wurde.[2] Dieser Praxisband erhebt keinen Anspruch auf Vollständigkeit, sondern will anhand von fünf Modulen Anteil geben am Planen, Ausprobieren und ersten Auswerten der Projektgruppen.[3]

Ausgangspunkt für die vier Teams war die Frage, wie es im Religionsunterricht (noch besser) gelingen kann, Jugendliche auf ihrer »Suche nach eigenem Glauben«[4] so zu begleiten, dass sie sich nicht gegängelt fühlen, sondern im gemeinsamen Gespräch wertvolle Impulse für ihre religiöse Entwicklung bekommen.

Das erste Modul: *Jakob oder: Wer bin ich? – Erlebnispädagogische Impulse zur Identitätsbildung* will die Beziehung der Jugendlichen zu sich selbst bewusster machen. Ein gewisser Grad von Selbstwahrnehmung und Selbstannahme ist Voraussetzung, um ohne Angst auf andere zuzugehen und selbstbewusst nach und nach eigene Wege zu entdecken und zu gehen. Da Selbstannahme weniger über den Kopf erfolgt denn als ganzheitliche Erfahrung, waren uns erlebnispädagogische Zugänge wichtig.

Im zweiten Modul: *Das Buch Esther – Ansätze einer gendersensiblen Religionsdidaktik* liegt der Akzent auf der Beziehung zum anderen Geschlecht. Geschlechtsspezifische Rollenklischees sind entwicklungspsychologisch sinnvoll, weil sie in einer Phase der verunsichernden Umbrüche erste Wegmarken setzen. Um jedoch echte Begegnung mit dem anderen Geschlecht vorzubereiten, ist in einem zweiten Schritt ein kritisches Aufbrechen dieser Klischees wichtig. Die Frauengestalten im Buch Esther, Waschti und Esther selbst, sind eine gute Möglichkeit, im Licht dieser biblischen Personen eigene Sichtweisen zu hinterfragen.

Das dritte Modul: *Zivilcourage lernen! – Religiöse Bildung kompakt außerhalb der Schule* will die Beziehung des Einzelnen zur Gruppe ins Gespräch bringen, sei es nun die Peergroup, die Klassengemeinschaft oder die Gesellschaft im weiteren Sinn. Erneut zeigt sich, dass nur derjenige selbstständig Wege suchen wird, der eine gewisse Unabhängigkeit von der Gruppenmeinung gewonnen hat. Er muss lernen, gegen den Strom zu schwimmen, wenn das Verhalten der Gruppe seinen Wertgrundsätzen nicht entspricht – und gewinnt gerade im Ausüben von Widerstand Ich-Stärke, die ihn für Mitmenschen zu etwas Besonderem werden lässt. Die kompakte religiöse Bildung außerhalb der Schule ermöglicht dabei ein Wechselspiel zwischen Geborgenheit in der (Klassen-)Gemeinschaft und Distanzierung, um Erfahrungen auf dem Weg der Selbstwerdung zu machen.

Unterschiedlichste Formen von Gewalt bedrohen den Schulfrieden und die Schulge-

1 Vgl. M. Schnitzler, Elementarisierung. Bedeutung eines Unterrichtsprinzips, Stuttgart 2006, bes. S. 212 ff. – Vgl. auch G. Adam / H. Hanisch / H. Schmidt / R. Zitt (Hg.), Unterwegs zu einer Kultur des Helfens. Handbuch des diakonisch-sozialen Lernens, Stuttgart 2006.

2 Eine solche Thematik war zumindest in einem Team in der engeren Auswahl, ist dann aber aufgrund aktueller Erfordernisse für eine andere Fragestellung letztlich nicht gewählt worden. – Ein sehr zu empfehlender Versuch mit überraschenden theologischen Querverbindungen zu diesem »heißen« Thema findet sich in entwurf 1/2004, S. 27–36: R. Vogel, »Liebes-Leben« – Gemeinschaft und Partnerschaft gestalten.

3 Eine gewisse Kontingenz liegt gewiss in der Eigendynamik der vier Projektteams begründet, aber das erlaubte auch eine hohe Flexibilität im Blick auf die aktuellen Erfordernisse – und vielleicht liegt ja gerade darin auch eine religionsdidaktische Prämisse, die »guten« Religionsunterricht in der Pubertät fördert? (vgl. Situationsansatz im Kindergarten).

4 Vgl. F. Schweitzer, Die Suche nach eigenem Glauben. Einführung in die Religionspädagogik des Jugendalters, Gütersloh ^{2}1998 (1996).

meinschaft. Die Beziehung der Schüler/innen einer Schule untereinander, aber auch die Beziehung der Schüler zu ihren Lehrerinnen und Lehrern ist nicht selten belastet und gefährdet. Der Religions- und der Ethikunterricht stehen im Blick auf die ethische Bildung im System Schule in einer besonderen Verantwortung. Wie könnten sie dieser Verantwortung gerecht werden und einen wertvollen Beitrag zur Schulkultur leisten? Das war die Ausgangsfrage für das vierte Unterrichtsmodul: *Gewalt hat viele Gesichter – Ein Beitrag des Faches Religion zur Schulkultur.*

Schließlich sind für die Heranwachsenden schulische Beziehungen entweder – mehr oder weniger – symmetrisch zu ihren Mitschülern oder asymmetrisch zu ihren Lehrern. Das fünfte Modul: *Basics des Glaubens – Lernen durch Lehren im Religionsunterricht* gibt ihnen die Möglichkeit zum Rollenwechsel: Sie selbst schlüpfen bei den Fünftklässlern in die Lehrerrolle und erfahren sich als diejenigen, die Lehrstoffe auswählen und über Lernwege entscheiden. Durch diese temporäre Antizipation des Erwachsenseins eröffnet ihnen der Religionsunterricht wertvolle Erfahrungen und nötigt sie zugleich, sich (noch einmal) Elementaria des christlichen Glaubens selbst so anzueignen, dass sie in der Lage sind, diese anderen weiterzugeben.

Die theoretische Fundierung unserer Arbeit, die Erfahrungen mit den fünf Modulen sowie die Evaluation des Projekts sind als Studie im Theorieband *Religionsunterricht in der Pubertät*[5] dokumentiert. In diesem Praxisband haben wir zur (religions-)didaktischen Einordnung den jeweiligen Modulen einen Bezug zum Theorieband, zur didaktischen Begründung und zum neueren Bildungsplan vorangestellt. Diese skizzenhaften Aspekte können und wollen jedoch den Theorieband nicht ersetzen.

Die Module sind in Bausteine unterteilt, welche zu Unterrichtseinheiten in Klassenstufe 7 und 8 auch anders als hier abgedruckt kombiniert werden können. Die Schüler- und Lehrermaterialien (**M**) werden jeweils den Bausteinen zugeordnet. Die Materialien für die Hand des Lehrers/der Lehrerin sind mit einem (**L**) gekennzeichnet. Der Leserin und dem Leser werden trotz gleicher formaler Struktur die lokalen Besonderheiten und individuellen Möglichkeiten der jeweiligen Teams auffallen. Dies ist gewollt und soll den Leser und die Leserin animieren,

- sich die eigenen Möglichkeiten und Wünsche für den Religionsunterricht bewusst zu machen,
- diese mit einzelnen Bausteinen der Module zu verknüpfen – und vor allem:
- in einem Kollegen-Team zusammenzuarbeiten.

Gerade in der kollegialen Teamarbeit – das haben wir in unserem Projekt immer wieder erlebt – sehen wir große Chancen für eine Weiterentwicklung des »Religionsunterrichts in der Pubertät«.

5 U. Böhm / M. Schnitzler, Religionsunterricht in der Pubertät. Eine explorative Studie in den Klassen 7 und 8, Stuttgart 2008.

Modul 1

Jakob oder: Wer bin ich?

Erlebnispädagogische Impulse zur Identitätsbildung

Erarbeitet vom Projektteam »RU in der Pubertät«: Walter Gronbach und Claudia May, Susanne Meyer und Christa Rohrer sowie Uwe Böhm

1. Bezug zum Theorieband

In unserer Studie zum Religionsunterricht in der Pubertät[1] traten in den Schülerinterviews und vor allem auch in der Längsschnittuntersuchung folgende Erkenntnisse zur Selbsteinschätzung der Schülerinnen und Schüler zutage:

- Die Jugendlichen schätzen sich im Bereich Auffassungsgabe, Zufriedenheit mit dem Aussehen, Geduld, Ausdauer, Attraktivität und Sportlichkeit auffallend positiv ein.
- Jungen sind mit ihrem Aussehen deutlich zufriedener, von ihrer Sportlichkeit überzeugter oder eher geneigt, sich als attraktiv für das andere Geschlecht einzustufen; die Mädchen hingegen zeigen sich wesentlich selbstkritischer.
- In den Interviews nennen die Jugendlichen vor allem die körperlichen Veränderungen als einen der problematischen Bereiche im Pubertätsalter.
- Sowohl die Mädchen als auch die Jungen hatten Schwierigkeiten, das Item »Komme beim andern Geschlecht gut an« (10 % ohne Angabe) für sich anzukreuzen. Mit zunehmendem Alter finden sich die Jungen zwar attraktiver, jedoch bleibt diese Selbsteinschätzung sowohl bei den Jungen als auch bei den Mädchen während der Erhebungsjahre (Klassenstufe 7 und 8) am geringsten bewertet.

Diese Ergebnisse legen es nahe, eine Religionsdidaktik der Wahrnehmungsschulung und Identitätsförderung gerade in der Pubertät anzubieten. Die konstant hohen Werte der Selbsteinschätzung[2] über zwei Jahre hinweg und die Anzahl der Befragten (insgesamt ca. 850 Jugendliche) begründen die Vermutung, dass die Heranwachsenden in der Pubertät keineswegs von Selbstzweifel verunsichert sind, sondern ziemlich selbstbewusst in die Erwachsenenwelt hineinschreiten.

Aufgabe der Religionsdidaktik in der Sekundarstufe I ist es, mit den Jugendlichen in der Pubertät gemeinsam Wege religiöser Bildung zu suchen und dazu Lerninhalte und Lernwege altersgemäß anzupassen. Dies kann in einem ästhetisch orientierten Religionsunterricht gelingen. Dieser berücksichtigt symboldidaktische Zugänge ebenso wie erlebnispädagogische und gestaltpädagogische Impulse.

---

1 U. Böhm / M. Schnitzler, Religionsunterricht in der Pubertät. Eine explorative Studie in den Klassen 7 und 8, Stuttgart 2008 (im Folgenden zitiert als »Theorieband«).

2 Vgl. Theorieband, S. 137 ff.

2. Religionsdidaktische Einordnung des Moduls

In einer offenen Phase[3], in der wir im Projektteam (Lehrkräfte und einige Schüler der Klassenstufe 7/8) bewährte Methoden und gelungene Themen für die Klassenstufe 7 ebenso sammelten wie innovative Ideen, neuere offenere Formen und teilnehmerorientierte Themen, kam der Wunsch auf, ein Thema der Pubertät mit der Bibel zu verbinden. Aussehen, Anerkennung und Aktivsein sind wesentliche Bedürfnisse der Heranwachsenden. Hierzu suchten wir in der Bibel nach einem Vorbild. Bald war uns klar, dass wir im Alten Testament eher fündig werden, da dort der narrative Ansatz vorherrscht. Zudem mussten wir noch beachten, welche biblischen Personen in der Grundschule bzw. in den ersten beiden Klassen der Sekundarstufe I behandelt werden. Diese schlossen wir aus, so dass uns eher eine biblische Person geeignet erschien, die in Schule, Jugendarbeit und Kinderkirche religionspädagogisch randständig beachtet wird.

Unter der Vielzahl an biblischen Personen (z.B. David, Josef, Maria Magdalena) einigten wir uns schließlich auf Jakob, den Sohn Isaaks und Bruder von Esau. Da Jakob bisher im Bildungsplan nur unter dem Aspekt »Geschwistergeschichten in der Bibel« behandelt wurde, wollten wir dieser biblischen Person gerecht werden, indem wir ihrer gesamten Entwicklung vom Kind zum Erwachsenen nachspüren. Als Weg drängte sich uns in der offenen Phase die Gestalt- und Erlebnispädagogik als neue (religions-) pädagogische Form auf. Soweit es unsere Kompetenz und die Rahmensituation erlaubten, wollten wir in diesem Modul den symboldidaktischen, ästhetischen Ansatz umsetzen.

Unsere Leitfrage war: Inwiefern können wir das Leben der Jugendlichen und die biblische Person Jakob zueinander in Beziehung bringen? Was bringt den Jugendlichen das biblische Vorbild für ihre Identitätsentwicklung? Wie verändern sich die Selbstwahrnehmung sowie die subjektive Rezeption der Bibel?

Die Bausteine zu diesem Modul sind das Ergebnis unseres Unterrichtsprozesses mit mehreren Realschulklassen, teilweise auch im konfessionell-kooperativen Religionsunterricht.

Um die Raum-Zeit-Struktur zu verändern und auch Nachhaltigkeit zu bewirken, hat das Vorbereitungsteam folgende Ziele formuliert:

1. Die Schüler/innen arbeiten über weite Strecken selbstständig.
2. Sie verknüpfen die Erfahrungen der biblischen Personen mit dem eigenen Leben.
3. Sie geben ihr erworbenes Wissen weiter.
4. Der Religionsunterricht und seine Ergebnisse werden in der Schule sichtbar.

Das Modul *Jakob oder: Wer bin ich?* stellt den Versuch dar, diesem Anspruch in einer Unterrichtseinheit zur alttestamentlichen Figur Jakob gerecht zu werden. Der Religionsunterricht findet während dieses Moduls in kompakter Form und außerhalb des Schulhauses statt; dadurch kann er die erlebnispädagogische Verknüpfung von biblischer Tradition und Situation der Schüler biografisch und ästhetisch eher einlösen als im 45-Minuten-Takt innerhalb des Klassenraums.

Zur Identitätsfindung gehört heute der Umgang mit Pluralität bzw. Differenzen. Lothar Böhnisch[4] sieht auch für die Schule gültige Arbeitsprinzipien, die die Pluralität von Lebensentwürfen berücksichtigen und die Spannung zwischen Lebensbewältigung und Sozialintegration aufgreifen und bearbeiten. Bildung soll deshalb die Handlungsfähigkeit Jugendlicher erweitern und ihnen neue kulturelle Möglichkeiten erschließen.[5] Diese Arbeitsprinzipien sind der erste Faktor, um die Heranwachsenden für das projektartige Modul *Jakob oder: Wer bin ich?* zu motivieren.

---

3 Die offene Phase fand nach der Methode »Fallende Herbstblätter« statt: Jeder Teilnehmer schrieb auf je zwei Moderationskarten bewährte Themen, gelungene methodische Formen, gewünschte Themenbereiche und innovative Wege im Unterricht. Diese acht Blätter ließen die Teilnehmer auf den Boden »fallen«. Nach einer Lesephase ordneten sie dann die Karten, wobei sie Zusammengehöriges clusterten. Am Ende sahen alle die Themen-Highlights und die favorisierten Methoden.

4 L. Böhnisch, Sozialpädagogik des Kindes- und Jugendalters. Eine Einführung, Weinheim 1992.

5 Vgl. Böhnisch, a.a.O., S. 113.

Die (sozial-)pädagogischen Arbeitsprinzipien beinhalten ebenso religionspädagogische Perspektiven. Deshalb sind Bezüge zum Religionsunterricht möglich und nützlich, um Zugänge zu Jugendlichen zu gewinnen. Zugleich bestätigen diese Prinzipien auch den gewählten Weg bzw. die ausgewählten erlebnis- und gestaltpädagogischen Formen dieses Moduls.

Die folgende Tabelle gibt die Arbeitsprinzipien nach Böhnisch wieder und erläutert die Bezüge zu dem religionspädagogischen Modul *Jakob oder: Wer bin ich?*

Arbeitsprinzip	Erläuterung des Arbeitsprinzips	Bezüge zum Modul *Jakob oder: Wer bin ich?*
a) Selbstwertprinzip	Jugendliche entwerfen ein Selbstbild und bilden ihr Selbstkonzept selbstständig aus.	Die theologische Anthropologie des Jugendalters geht von der Freiheit des Einzelnen zur Lebensgestaltung und Verantwortungsübernahme aus. Das Modul ist handlungsorientiert angelegt.
b) Gruppenprinzip	Die Jugendlichen treffen sich heute eher in wechselnden Gruppensystemen (z.B. Szene).	Das offene Angebot und die Projektorientierung des Moduls kommen diesem Bedürfnis nach Gemeinschaftlichkeit und Arbeit in der Kleingruppe entgegen.
c) Sozialräumliches Prinzip	Heranwachsende orientieren sich neben den sozialen Beziehungen auch an Räumen, in denen sie sich bewegen und die sie besetzen.	Jugendliche benötigen eigene Räume in und außerhalb der Schule, die sie gestalten können. Durch den Unterricht mit Übernachtung im Gemeindehaus wird ihnen ein neuer Raum eröffnet.
d) Zeitprinzip	Jugendliche leben in der Gegenwart.	Der lebensweltorientierte Religionsunterricht nimmt die Gegenwartsorientierung und die Bedürfnisse der Jugendlichen ernst.
e) Biografieprinzip	Jugendlicher sein heißt heute Schüler sein.	Die Schule ist für die gesellschaftlichen Institutionen (z.B. Kirchengemeinde) ein Kooperationspartner im biografischen Bezugssystem.
f) Soziokulturelles Prinzip	Die selbst definierten Ausdrucksformen der Jugendlichen begleiten die Heranwachsenden bei der Sinnsuche und Selbstinszenierung der Persönlichkeit.	Der ästhetisch orientierte Religionsunterricht bietet während des Moduls den Umgang mit ästhetisch-medialen Gegenständen (z.B. Musik-, Theater- und Kunstwerkstätten).
g) Milieuprinzip	Die Entwicklung der Heranwachsenden baut auf milieuartigen Gewohnheiten und gemeinsam geteilten Werten auf, die jedoch aufgrund der gesellschaftlichen Individualisierung als »Ersatzmilieus« rekonstruiert werden müssen.	Auch Religion entwickelt sich in Entsprechung zu sozialen Milieus, weshalb religionspädagogische Angebote entweder auf den Anschluss an noch vorhandene oder auf die Bildung neuer Milieus verwiesen bleiben. Innerhalb des Moduls findet eine diskursive Bearbeitung eigener Religiosität statt.

Neben den Arbeitsprinzipien, die die Bedürfnislage und Entwicklungssituation der Heranwachsenden aufnehmen, müssen als zweiter Faktor die Rahmenbedingungen für die Jugendlichen stimmen, damit sie Interesse an dem Projekt zeigen: Der Zeitraum des Engagements muss begrenzt und in den individuellen Zeitplan einzuordnen sein. Nicht länger als ein halbes Jahr darf das Modul dauern – so ist es überschaubar und kommt einem abgeschlossenen Projekt nahe. Der Einsatz als Schülerteam ist kalkulierbar.

Als dritter Faktor sind die eigenen Ziele für die Lebensplanung entscheidend. Die Zielsetzungen durch die Heranwachsenden sind jedoch je nach »Herkunft« (z.B. kirchliche Vorerfahrungen) verschieden bzw. werden unterschiedlich gewichtet. Ein »Newcomer«, der noch nie Kontakt z.B. zur kirchlichen Jugendarbeit hatte, setzt andere Motive, Ziele und Sinndeutungen als jemand, der in der Jugendarbeit als Teilnehmer aufgewachsen ist.

Ein vierter, ebenso wesentlicher Faktor ist die Lehrperson selbst. Ihre Ehrlichkeit und Offenheit zum erlebnis- bzw. gestaltpädagogischen Projekt begründen ein positives Beziehungsverhältnis, welches die Durchführung des Projekts unterstützen kann. Zudem ist der jeweilige Kontext zu beachten: In der Schule erwarten die Jugendlichen ein anderes Auftreten als im Gemeindehaus.

In der Pubertät beginnt der Abschied von der Kindheit[6] und damit auch der Abschied vom Kinderglauben. Glauben, Welt- und Selbstbild entwickeln sich in der Adoleszenz weiter, der Ablösungsprozess beginnt. Dabei ist der Beziehungsaspekt gegenüber dem Inhaltsaspekt vorherrschend. Deshalb ist es religionspädagogisch wichtig, dass inhaltliche Fragen von Beziehungsproblemen überlagert werden bzw. herrühren. Mit anderen Worten: Das Infragestellen religiöser Überzeugungen im Jugendalter besitzt stets einen Beziehungsaspekt, der vom Streben nach persönlicher Unabhängigkeit gespeist und von dem Bedürfnis nach gestalterischer Freiheit und von gesellschaftskritischen Visionen begleitet wird. Nach Erikson schließt die adoleszente Identitätsbildung Kindheitsidentifikationen ein, die zwar verändert, aber durch die Identitätsfindung zu einem zusammenhängenden Ganzen gemacht werden.[7] Der Religionspädagoge Friedrich Schweitzer kommentiert dieses entwicklungspsychologische Phänomen so: »Der Wandel, der sich im moralischen Urteil im Selbst- und Weltbild sowie im Symbolverständnis im Jugendalter vollzieht bzw. vollziehen kann, ist von so tief greifender Art, dass er immer auch ein Durchschreiten oder Durchleiden existentieller Krisen bedeutet.«[8]

Nach Kegan[9] schließen Übergänge in der Entwicklung des Selbst Trennungen von bisher für das Selbst tragenden Sinngebungen sowie den Aufbau eines neuen Lebenssinns ein. Gerade dem Übergang zu einem mehrdimensionalen, zugleich aber noch konventionellen Symbolverständnis im frühen Jugendalter ist in diesem Modul Rechnung zu tragen, indem vor dem Hintergrund der Jakobsgeschichte eine kritische Auseinandersetzung mit der Bibel und zugleich eine biografische Reflexion stattfindet.

Schließlich sind noch einige exegetische Aspekte zur Jakobsgeschichte herauszustellen:

▶ Bedeutung des Namens »Jakob«: »Gott möge beschützen«
Weitere biblische Interpretationen:
1. Mose 25,26 »Fersenhalter«
1. Mose 27,36 »Betrüger«

▶ Jakob ist der wichtigste und »fassbarste« Stammvater. Die Hauptmotive der Erzählung:
1. Jakob wird der Träger des Namens »Israel«.
2. Er ist der Vater der zwölf Stämme.
3. Das zentrale Motiv der Geschichte ist der »Segen«.

▶ Der Figur des Jakob liegt eine historische Einzelperson der späten Bronzezeit (17.–13. Jh. v. Chr.) zugrunde.

---

6 Vgl. L. Kaplan, Abschied von der Kindheit. Eine Studie über die Adoleszenz, Stuttgart [3]1993.
7 Vgl. E.H. Erikson, Identität und Lebenszyklus, Frankfurt a.M. 1963, S. 106f.
8 F. Schweitzer, Die Suche nach eigenem Glauben. Einführung in die Religionspädagogik des Jugendalters, Gütersloh 1996, S. 74.
9 Vgl. R. Kegan, Die Entwicklungsstufen des Selbst. Fortschritte und Krisen im menschlichen Leben, München 1986.

▶ Wie bei den anderen Stammvätern (Abraham und Isaak) basiert die Jakobserzählung auf einem langen mündlichen Überlieferungsprozess, bei dem verschiedene Traditionen und Geschichten in eine Erzählung verwoben wurden.

▶ Der ältere Strang entstand im Ostjordanland. Er spielt im Kontext der nomadischen Zeit (vor der Landnahme) und wurde von den sogenannten Lea-Stämmen tradiert (Jakob und Esau als Hirt und Jäger, Laban-Geschichte – nomadische Großfamilientradition).

▶ Später – während der Zeit des Sesshaftwerdens – kommen weitere Elemente dazu, z.B. die Jabbokgeschichte (1. Mose 32,25 ff = Tradition des Ruben-Stammes). In dieser Tradition ist der Gottesname »El« zu finden.

▶ Der jüngere Strang stammt aus dem Westjordanland (Bethel und Sichem als kanaanäische Heiligtümer, die ihre Lokaltraditionen mit der Jakobsgeschichte verbinden (Rahel-Stämme).

▶ Erst mit Entstehen des Zwölfstämmebundes werden diese Stränge miteinander verwoben. Es entsteht die Erzählung von den beiden Frauen und den zwölf Söhnen. Jakob wird Israel. »Jahwe« wird mit »El« verbunden.

▶ Der Jahwist setzt dann die Vätergeschichten als Erzählstrang (Abraham, Isaak, Jakob, Josef) zusammen. Theologisch interpretiert der Jahwist die Geschichte kritischer, das heißt, er betont die Distanz zwischen Gott und Jakob (Himmelsleiter: Gott weit oben) und er schildert den Aspekt des listigen Betrügers.

▶ Der Elohist legt den Schwerpunkt mehr auf den Segen. So ist Laban zum Beispiel selbst schuld, dass Jakob ihn betrügt. Die Flucht wird mehr als ein »Unterwegssein im Auftrag Gottes« verstanden.

Folgende fünf theologische Motive sind bei der Jakobsgeschichte leitend:

(1) *Familien-, Geschwistergeschichten*
Esau – Jakob: Der Jüngere ist der Erwählte (vgl. Lea – Rahel, David, Josef, Kain – Abel, Isaak – Ismael). Zentrales Thema des AT: der Kleine, der sich gegen den Großen durchsetzt. Das Volk Israel gegen die heidnischen Nachbarn, die immer zahlenmäßig und waffentechnisch überlegen waren, z.B. Esau, der Raue und Primitive, gegen Jakob, den Schlauen und Hinterlistigen. Lea, die Hässliche, aber Fruchtbare, gegen Rahel, die Schöne und Geliebte, aber Unfruchtbare.

(2) *Flucht, Angst, Einsamkeit*
Es gehört zur Initiation des von Gott Erwählten, dass er diese Phasen durchsteht (vgl. Mose, Jona, Jesus, ...). Gerade in der Situation der Bedrohung und Angst geschieht die Berufung mit Gottesbegegnung (Himmelsleiter, Kampf am Jabbok; vgl. Mose: Dornbusch, Jesus: Versuchung).

(3) *Bedeutung der heiligen Orte*
Wichtiges Motiv im Prozess der Sesshaftwerdung: Heiligtum als konstituierende Mitte des Stammes und als Ort der Gottesbegegnung und Segensvermittlung (Bethel und Pnuel).

(4) *Streit und Versöhnung: Jakob – Esau und Jakob – Laban*
Es gehört zum »Heilsplan«, dass Jakob sich mit List von beiden abgrenzt und sie übervorteilt. Bei der Versöhnung macht er – als der von Gott Gesegnete – den ersten Schritt. Er beschenkt Esau, das heißt, er lässt ihn an dem – von Gott gegebenen – Segen teilhaben.

(5) *Segen; dazu gehören verschiedene Aspekte:*
- Begleitung und Bewahrung durch Gott
- besondere Begegnungen mit Gott
- Nachkommenschaft
- materieller Wohlstand
- Landbesitz
- Fruchtbarkeit und Verheißungen und
- der Gesegnete muss immer auch Schicksalsschläge hinnehmen. Segen ist also nicht nur das Gelingen von allem (bei Jakob: die Flucht, der Hass des Bruders, der Abschied von der Mutter, der Betrug Labans, die Unfruchtbarkeit Rahels, später ihr Tod).

Die Jakobsgeschichte handelt von familiären und systemischen Verstrickungen. Deshalb können sich Jugendliche in der Pubertät und

Adoleszenz gut mit der biblischen Person Jakob identifizieren. Viele Schülerinnen und Schüler erleben ähnliche familiäre Systemverstrickungen. Statt Zorn, Aggression und Rache zeigt die Jakobsgeschichte den Weg durch Demut, Respekt und Annahme zum Verzeihen auf. Manipulierte Ordnungen können korrigiert und die ursprüngliche Vertrauenssituation wiederhergestellt werden, in der Menschen (hier Jakob und Esau) wieder in Frieden miteinander leben.

Sicherlich kann im Religionsunterricht weder eine systemische Therapie durchgeführt werden, noch lassen sich familiäre Konflikte dort lösen. Jedoch liegt im ästhetischen Ansatz die Chance, erlebnis- und gestaltpädagogisch Erfahrungen zu verarbeiten und Konflikte bewusst zu machen.

Der folgende Text eignet sich auch als Zusatzmaterial zu M 3, vgl. S. 24.

Was heißt das, »segnen« – ?

Was heißt das, segnen, und was heißt das, ein Segen sein?
Nehmen wir an: Ein Acker ist trocken. Es liegt Saat in ihm, aber es ist trocken. So wächst nichts. Nun setzt Regen ein, die Saat geht auf und wächst. Der Regen segnet, das heißt: Er hilft, dass etwas aufgeht, dass etwas wächst, dass etwas gedeiht. Wenn Gott seinen Segen über uns ausspricht, dann wächst etwas in uns, es gedeiht etwas, es reift Frucht. Es wächst aus Arbeit und Leid, aus Fröhlichkeit und Stille die Frucht für dieses Leben und für die Ewigkeit. Der Same springt auf und wird frei, und aus einer Erde, aus der scheinbar nichts zu erwarten war, wächst Vertrauen, wächst Dankbarkeit.

Wenn Segen über einem Leben waltet, hat es Sinn. Es gedeiht. Es wächst. Es wirkt lösend, fördernd, befreiend auf andere. Versuche glücken, Werke gelingen. Die Mühe zehrt das Leben nicht aus, sie ist sinnvoll und bringt ihre Frucht.
Am Ende steht nicht die Resignation, sondern eine Ernte.
Ein alternder Mensch, dessen Leben gesegnet ist, geht nicht zugrunde, er reift vielmehr, wird klarer und freier und stirbt am Ende »lebenssatt«, wie einer von einer guten Mahlzeit aufsteht …

Alle diese Gestalten des Segens sprechen von einem Zusammenhang zwischen Geist und Seele und Leib, zwischen Gott und Welt, Sichtbarem und Unsichtbarem. Immer hat der Segen es zu tun mit der Einwirkung einer geistigen Kraft auf leibliches, sichtbares, konkretes Leben. Immer erfüllt er sinnenhaftes, irdisches Leben mit einem Sinn, der anderswo herkommt. Immer bindet der Segen die Materie an den Geist, den Leib an die Seele, die Sinne an den Willen und an die Klarheit dessen, der diese Welt geschaffen hat und durchwirkt.

Jörg Zink

Jörg Zink, Bibelarbeit zu Markus 10,13–16 auf dem Deutschen Ev. Kirchentag in Hannover am 27.05.2005. www.kirchentag2005.de/presse/dokumente/dateien/BAB_83_164.pdf

Literaturhinweise

1. Jakob

Meves, C.: Jakob und Joseph, in: dies., Die Bibel antwortet uns in Bildern. Tiefenpsychologische Textdeutungen im Hinblick auf Lebensfragen heute, Freiburg i.Br. 1973

Laubi, W.: Geschichten zur Bibel 3: Abraham, Jakob, Josef, Zürich 1985

Risto, K.-H.: Jakob – ein Mann findet zum ›DU‹, in: Deutsches Pfarrerblatt 1989

Dietrich, W. / Link, C.: Die dunklen Seiten Gottes, Neukirchen-Vluyn 1995

Evangelisches Jugendwerk in Württemberg (Hg.), Jakob gibt nicht auf, Stuttgart [2]2003

Schindler, A.: »Du segnest mich denn«. Annäherungen an den Kampf Jakobs mit dem Engel, Eschbach 2000

2. Erlebnispädagogik

Ziegenspeck, J.: Erlebnispädagogik. Rückblick, Bestandsaufnahme, Ausblick, Lüneburg 1992

Reiners, A.: Praktische Erlebnispädagogik, Augsburg 2003

Kathe, L. / Löper, J.: Methoden der Erlebnispädagogik in der Schule, in: Pädagogik 3/2004, S. 40–43

3. Gestaltpädagogik

Höfer, A.: Theorie und Praxis eines gestaltpädagogischen Unterrichtes bei 13- bis 15-Jährigen, Wien 1982

SCHARER, M.: Thema – Symbol – Gestalt, Salzburg 1989
BÜRMANN, J. / HEINEL, J. (Hg.): Früchte der Gestaltpädagogik. Ermutigte Lehrer – motivierte Schüler: 20 Beispiele, Bad Heilbrunn 2000
IRP Freiburg – Religionspädagogische Hefte: Christlich orientierte Gestaltpädagogik, April 2004

4. Öffnung des Religionsunterrichts und Kooperation mit der (Kirchen-) Gemeinde

BRENNER, G. / NÖBER, M. (Hg.): Jugendarbeit und Schule. Kooperation statt Rivalität um die Freizeit, Weinheim 1992
HOLTAPPELS, H.G.: Innere Schulentwicklung: Innovationsprozesse und Organisationsentwicklung, in: H.G. Rolff (Hg.), Zukunftsfelder von Schulforschung, Weinheim 1995
BÖHM, U.: Jugendarbeit und Schule, Essen 1996
BÖHM, U. / WEINGARDT, M. (Hg.): Lebensräume öffnen. Neue Schritte zum kreativen Miteinander von Jugendarbeit – Schule – Gemeinde. Dokumentation örtlicher Projekte, Stuttgart 1998, 5., überarb. u. erw. Aufl.
BÖHM, U.: Kooperation als pädagogischer Leitbegriff der Schule. Beiträge zur partnerschaftlichen Zusammenarbeit in und mit der Schule, Münster 2003

3. Perspektiven der Thematik nach den sieben Dimensionen des Bildungsplans 2004 (BW) für Evangelische Religionslehre

Mensch
- sind in der Lage, über eigene Begabungen und Stärken, aber auch Grenzen und Schwächen zu sprechen (RS 8)
- denken über Konsequenzen für den Umgang miteinander nach (RS 8)
- …

Religionen und Weltanschauungen
- kennen die Bedeutung des Erbrechtes, des Segens sowie der Hochzeit im alttestamentlichen Judentum (vgl. RS 8)
- …

Welt und Verantwortung
- verfügen über gewaltfreie, partnerschaftliche Formen der Konfliktbewältigung (RS 8)
- …

Thema: Jakob oder: Wer bin ich?

Kirche und Kirchen

Bibel
- können sich mit einer biblischen Geschichte in vielfältiger, kreativer Weise auseinandersetzen (RS 8)
- …

Jesus Christus

Gott
- kennen die Geschichte Jakobs und können die Erfahrungen Jakobs auf ihr eigenes Leben und Glauben übertragen (vgl. RS 8)
- …

4. Die Bausteine

Das Modul »Jakob und ich« besteht aus drei thematischen Bausteinen, die zum Beispiel während eines 1½-tägigen Aufenthalts (»Religionstage«) in einem Gemeindehaus durchgeführt werden können. Diese Bausteine können die Jugendlichen in kleinen Gruppen im Unterricht für die Religionstage vorbereiten. Danach kann im Religionsunterricht die Auswertung stattfinden, außerdem die Planung eines Abschlussgottesdienstes für das Projekt (vierter Baustein). Dieses projektartige Modul ist für ein halbes Schuljahr konzipiert.

Das zeitliche Raster des Schulhalbjahres sieht wie folgt aus:

Inhalt-Zeit-Raum-Struktur

Schulwoche	Phase	Inhalte
1	Kennenlernen	– Namen – Wünsche – Notenfindung
2	Hinführung	– Einführung – Überblick; Klärungen (Motivation/Plausibilität) – Geschichte erzählen/zeitgeschichtliche Hintergründe – allgemeine Aufgabenstellung (Teilgeschichte und Gruppenwünsche auswählen)
3	Aufgabenverteilung	– Organisation der allgemeinen Dienste (Koch-, Putz- und Waschdienst, Tisch decken usw.) – Wer besorgt was zum Essen? – Erarbeitung der Teilgeschichte in Gruppen
5 Teamsitzung einplanen	Zwischenstand	– Bericht aus den Gruppen – Klärung der Fragen – Organisatorisches
9–10 nach den Herbstferien	**Religionstage im Gemeindehaus (Baustein 1 bis 3)**	**»Jakob oder: Wer bin ich?«**
11 Teamsitzung einplanen	Feedback	– An was erinnere ich mich noch? – Foto-Show – Was war gut, was hätte besser sein können?
12	Adventskaffee bzw. Abschlussgottesdienst (Baustein 4)	– Kuchen und ... – liturgische Elemente – Gottesdienstvorbereitung zum Thema »Segen«

In den nicht ausgewiesenen Schulwochen arbeiten die Schülergruppen an ihren Bausteinen. Zu bestimmten Zeiten treffen sich die beteiligten Lehrkräfte zu Teamsitzungen, um die Organisation zu koordinieren und sich über den Stand zu informieren.

Die Bausteine 1 bis 3 finden während der Religionstage statt. Wenn eine Übernachtung eingeplant ist, sieht die Organisationsstruktur der Religionstage anders aus. Daher geben wir beide Varianten (mit und ohne Übernachtung) wieder:

Variante A

Zeit	Phase	Inhalte/Methode	Zuständigkeit
		1. Religionstag	
9:00	Ankunft	Ausräumen/Gepäck abstellen	
9:30	Einführung in die Religionstage	– Warming-up-Spiel: Ja-Nein – Überblick über die Religionstage – Hausregeln	
10:30	Gruppe I: Der doppelte Betrug	– Vorstellung der handelnden Personen – Segen und Erstgeburtsrecht – Wie geht Gott mit Betrügern um? (Jakobs Segen)	
12:30	**Mittagessen**	**Linsengericht**	
14:00	Gruppe II: Traum und Wirklichkeit	– Jakobs Traum; Bethel – Gott steht Jakob bei – Segensreiche Zeit bei Laban	
16:00		Spiele und Bewegung	
18:00	**Abendessen**	**Brot, Wurst, Käse**	
20:15 23:00	Abendprogramm	Spiele/Nachtwanderung Bettruhe	
		2. Religionstag	
8:00	Besinnung	Himmelsblick Gebet	
8:15	**Frühstück**		
9:00	Gruppe III: Nächtlicher Kampf	– um Segen ringen – Symbole: Fluss, Angst	
10:30	Aufräumen		
12:30	**Mittagessen**	**Spaghetti**	
14:00		Verabschiedung	

Variante B

Bei dieser Variante nehmen sich die Schüler einen ganzen Tag für jeden Baustein Zeit, damit die erlebnis- und gestaltpädagogischen Elemente möglich sind. Exemplarisch ist hier der mögliche Verlauf zu Jakobs Kampf am Jabbok (vgl. Baustein 3) wiedergegeben:

Religionstage »Jakob und Ich« (ein Tag pro Baustein)

Zeit	Phase/Inhalte	Medien	Zuständigkeit
8:00	Ankommen, Schreibzeug, Ordner richten Lied Programmvorschau Warming-up-Spiel: Chef-Vize	Mitte blaues Tuch (Fluss) und braunes Tuch (Weg) Kerzen Instrumente: Trommeln, Rasseln	
8:30	Bildbetrachtung Jakobs Kampf mit Gott	Sieger Köder, Dia aus »Mein bist Du 3«	
9:00	Armdrücken evtl. 3. Person als Trommler, der die Spannung erzeugt	Kommentare sammeln: Wie fühlst du dich? Ist es schwer, dagegen anzukämpfen? Seid ihr gleich stark? Kostet es dich Anstrengung?	
9:25	Erzählung 1. Mose 32,23–32		
9:45	Lehrer-Anweisung: Such dir leise einen Platz im Raum, wo du dich wohlfühlst und zum Schreiben ungestört bist. Aufgabe: Eine Angstgeschichte oder: Wo erlebte ich schon eine Bedrohung?	evtl. Musik Entspannungs-CD Wer fertig ist, kann zur Entspannung noch ein Mandala malen.	
10:00	Unsere Angstgeschichten: freiwillig erzählen 4–5 Schüler im Plenum; alternativ erzählen sich die Schüler innerhalb der Gruppen		
11:00	Einteilung zum Küchendienst: Spatzen drücken, Linsen aufwärmen, Saitenwürstchen aufwärmen, Tisch decken, Servietten		
12:00	**Mittagessen**	**Linsengericht**	
13:00	Abräumen, Spülmaschine einräumen, Tische abwischen		
14:00	Arbeit in Gruppen (4 leere Klassenräume): Bausteine 1 bis 4	Requisiten, Overhead-Projektor	
15:00	Präsentation des Bausteins 3: Jakobs Kampf am Jabbok		
16:00	Blitzlicht: Wie fühle ich mich am Ende des Tages?		
16:30	Verabschiedung		

Die Bausteine im Einzelnen

Der Gesamtüberblick gibt die Phasen und Materialien der vier Bausteine wieder. Die Bausteine 1 bis 3 werden von Schülergruppen (Teilnehmeranzahl der jeweiligen Gruppen ist unter »Schülergruppe« angegeben) bearbeitet und an den Religionstagen vorgestellt. Zuvor wurde eine Umfrage (Arbeitsblatt **M 1**) durchgeführt. **M 15 (L)** enthält Gottesdienstverläufe. **M 10 (L)** spricht als Exkurs für die Lehrperson die unverständliche Seite Gottes an.

❏ BAUSTEIN 1: Der doppelte Betrug

Die Schülerinnen und Schüler sind in der Lage, Spielszenen vorzubereiten und darzubieten. Sie nehmen die Charaktere der Hauptpersonen in der biblischen Geschichte wahr und erleben, was es bedeutet, blind zu sein. Ebenso erahnen sie die Bedeutung des Segens für ihr eigenes Leben.

Nr.	Phase/Inhalt	Schülergruppe	Material
1	Spielszene: Tausche Linsengericht gegen Macht	4 Sch.	**M 2**
2	Aufgabenblatt zum Bibeltext: 1. Mose 25,19–34: Die Bedeutung des Segens		**M 3**
3	Vorstellen der Hauptpersonen (Aufgabenblatt); z.B. Standbilder	4 Sch.	**M 5**
4	Ergebnisse der Schülerbefragung vorstellen	3–4 Sch.	**M 1**
5	Blindenübungen		**M 4 (L)**
6	Spielszene: Jakobs Segen	6 Sch.	**M 6**
7	Auswertungsgespräch; Bedeutung des Segens	Gruppe von Nr. 2	

❏ BAUSTEIN 2: Traum und Wirklichkeit

Die Schülerinnen und Schüler werden sich ihrer Träume bewusst. Sie können pantomimisch einen biblischen Text darstellen. Ebenso erleben sie Möglichkeiten, sich zu entspannen (z.B. Fantasiereise, Rückenmassage).

Nr.	Phase/Inhalt	Schülergruppe	Material
1	Gespräch oder Bilder gestalten zum Thema: Meine Träume; evtl. Fantasiereise als Einstieg		**M 7 (L)**
2	Erzählpantomime mit Overhead-Projektor: Jakobs Traum	5 Sch.	**M 8**
3	Bibeltext lesen: 1. Mose 28,10–22		
4	Auswertungsgespräch		**M 9 (L)**
5	Abschluss: Jakobs Rückenmassage		**M 11 (L)**

❑ BAUSTEIN 3: Jakobs Kampf am Jabbok

Die Schülerinnen und Schüler sind in der Lage, ein Schattenspiel mit Requisiten zu gestalten und es koordiniert aufzuführen. Sie erarbeiten nach der Västeras-Methode einen biblischen Text.

Nr.	Phase/Inhalt	Schülergruppe	Material
1	Hahnenkampf		**M 12 (L)**
2	Schattenspiel: Nächtlicher Kampf	6 Sch.	**M 13**
3	Erwachsenenbefragung zum Bibeltext auswerten	4–5 Sch.	**M 1**
4	Bildbetrachtung: Jakobs Kampf (Sieger Köder)		**M 14**

❑ BAUSTEIN 4: Die Versöhnung

Die Schülerinnen und Schüler planen, gestalten und erleben einen Gottesdienst zum Thema »Versöhnung«. Sie reflektieren den Ausgang der biblischen Geschichte. Der Zuspruch des Segens wird ihnen nochmals bedeutsam.

Nr.	Phase/Inhalt	Schülergruppe	Material
1	Spielszene in zwei Teilen dazwischen Gruppenarbeit und Lied	7–8 Sch.	**M 16**
2	Bibeltext lesen: 1. Mose 33,1–20		
3	Auswertungsgespräch		**M 17 (L)**
4	Segenssprüche austeilen		**M 18**[11] (L)

5. Materialien

Die folgenden Schüler- und Lehrermaterialien (z.B. Texte, Spielszenen, Übungen) erläutern und konkretisieren die vier Bausteine. Die Materialien mit dem Zusatz (**L**) sind für die Hand der Lehrerin, des Lehrers bestimmt.

Die Spielszenen entstammen modifiziert dem Heft »Jakob gibt nicht auf«[10]. Die Spielszenen bzw. die Gruppenaufgaben sind in unterschiedlicher Weise und auf kreative Art angeboten, so dass bei den Religionstagen eine abwechslungsreiche Darbietung der Gruppenergebnisse möglich ist. Dabei kann der Schwerpunkt wahlweise eher auf den erlebnispädagogischen Elementen (z.B. wenn die religionspädagogischen Tage in einem Freizeitheim stattfinden) oder auf den gestaltpädagogischen Elementen liegen.

---

10 Evangelisches Jugendwerk in Württemberg (Hg.), Jakob gibt nicht auf, Stuttgart ^{2}2003.

11 Vgl. Segenssprüche, die zur Zivilcourage ermutigen (Modul 3, **M 15**), S. 113 in diesem Band.

M 1 Umfragen

Auf diesem Arbeitsblatt geht es um zwei Umfragen. Führe beide Umfragen durch, notiere die Ergebnisse und bringe sie zu unseren Religionstagen mit.

1. Umfrage: Thema Streit

✗ Frage **Schülerinnen und Schüler** (aber nicht aus deiner Klasse!):

1. Worüber gibt es bei dir Streit mit deinen Eltern?
2. Worüber gibt es Streit mit deinen Geschwistern?
3. Was passt dir nicht an deinen Eltern?
4. Was passt dir nicht an deinen Geschwistern?
5. Was gefällt dir an deinen Eltern?
6. Was gefällt dir an deinen Geschwistern?

2. Umfrage zu einem Bibeltext

✗ Lege den folgenden Text **Erwachsenen** vor und bitte sie, die Aufgabe zu bearbeiten.

1. Mose 32,23–33

(23) Mitten in der Nacht stand Jakob auf und überquerte den Jabbokfluss an einer seichten Stelle, zusammen mit seinen beiden Frauen, den beiden Mägden und den elf Kindern.
(24) Auch seinen Besitz brachte er auf die andere Seite.
(25) Nur er blieb noch allein zurück. Plötzlich stellte sich ihm ein Mann entgegen und kämpfte mit ihm bis zum Morgengrauen.
(26) Als der Mann merkte, dass er Jakob nicht besiegen konnte, gab er ihm einen so harten Schlag auf das Hüftgelenk, dass es ausgerenkt wurde.
(27) Dann bat er: »Lass mich los, der Morgen dämmert schon!« Aber Jakob erwiderte: »Ich lasse dich nicht eher los, bis du mich gesegnet hast!«
(28) »Wie heißt du?«, fragte der Mann. Als Jakob seinen Namen nannte,
(29) sagte der Mann: »Von jetzt an sollst du nicht mehr Jakob heißen. Du hast schon mit Gott und mit Menschen gekämpft und immer gesiegt. Darum heißt du von jetzt an Israel.«
(30) »Wie ist denn dein Name?«, fragte Jakob zurück. »Warum fragst du?«, entgegnete der Mann nur, dann segnete er ihn.
(31) »Ich habe Gott gesehen, und trotzdem lebe ich noch!«, rief Jakob. Darum nannte er den Ort Pnuël (»Gesicht Gottes«).
(32) Die Sonne ging gerade auf, als Jakob weiterzog. Er hinkte, weil seine Hüfte ausgerenkt war.
(33) Bis heute essen die Israeliten bei geschlachteten Tieren nicht den Muskel über dem Hüftgelenk, weil Jakob auf diese Stelle geschlagen wurde.

Bitte lesen Sie den Text durch und setzen Sie dabei die folgenden Zeichen:

! das finde ich eine wichtige Stelle	? das verstehe ich nicht
+ finde ich gut	- finde ich nicht gut

Ihre Meinung zu dem Text:

___

___

___

M 2 Spielszene: Tausche Linsengericht gegen Macht

Spieler: Jakob
Esau
Hirte

Material: »Zelt«
Kocher
Töpfe, Rührlöffel
Linsen
Stoffsäckchen
Pfeil und Bogen
Kissen

Diese Szenen sind nicht als »Drehbuch« ausformuliert, damit ihr frei spielen, euch mit eurer Rolle identifizieren könnt und nicht am Text kleben müsst. Ebenso sollte nicht zu viel Zeit auf die Beschaffung der Materialien verwendet werden, da sie nur unterstützende Funktion haben (so genügt z.B. ein Teller, um das Linsengericht darzustellen).

Szene 1: Jakob und Hirte

Ein Beduinenzelt (kann leicht mit Stäben und Teppichen gebaut werden).

Jakob, *sehr sauber und adrett gekleidet, gut frisiert, gesittete Manieren, taucht aus dem Zelt auf. Er ist geschäftig, aber dabei sorgfältig: Er holt einen Kocher und einen Topf, setzt darin Linsen auf, macht den Kocher an, rührt um, lässt vorsichtig köcheln. Summt dabei vor sich hin.*

Schafblöken wird plötzlich hörbar, ein einfacher **Hirte** *mit Hirtenstab tritt auf:*

Hirte: Jakob, Jakob, wann kommst zu den Weiden?

Er berichtet, dass einige von den Schafen krank geworden sind, sie wissen nicht recht, was los ist, Jakob soll mitkommen.

Hirte: Wir brauchen dich!

Jakob *hört sich alles mit Stirnrunzeln an. Er erklärt, dass er heute nicht mitkommen kann, weil er sich um die Linsenernte kümmern muss: Er muss die Linsen auslesen und in Säckchen verpacken, weil am Abend der Händler vorbeikommt, dem er sie verkaufen will.*

Hirte: Aber Morgen früh kommst du gleich.

Jakob *verspricht es. Anschließend fragt er den Hirten, ob er seinen Bruder Esau gesehen hat. Esau ist vor über einer Woche auf die Jagd gegangen und bis heute nicht zurückgekehrt – und normalerweise ist er nach vier bis fünf Tagen wieder zurück. Jakob wundert sich.*

Der **Hirte** *weiß nichts. Er verabschiedet sich und geht.*

Esau verkauft sein Erstgeburtsrecht

Szene 2: Jakob und Esau

Jakob *fallen seine Linsen wieder ein. Er rührt im Topf und schmeckt ab. Dann geht er ins Zelt, holt eine große Schüssel rote Linsen und einige Stoffsäckchen mit Bändel. Er sammelt ein paar Steinchen aus den Linsen und füllt die kontrollierten Linsen ab.*

Esau *tritt auf, groß, breit, mit einem Fell um die Schultern, mit Pfeil und Bogen und wild zerzaustem Haar.*

Jakob: Esau! Ich habe mich schon gewundert, wo du so lange bleibst! *Er dreht den Kopf von Esau weg und rümpft die Nase, verzieht angewidert das Gesicht, eindeutig wegen Esaus Geruch!*

Esau *merkt nichts, er lässt Pfeil und Bogen fallen, fällt selber erschöpft auf die Bank.*

Jakob: He, die guten Polster! *Er stürzt herbei, versucht Polster wegzuziehen.*

Esau: Ach, du mit deinem spießigen Polsterzeug! *Er berichtet kurz von erfolgloser Jagd, dass er sich in den Bergen verirrt hat. Das sei ihm noch nie passiert. Er schnuppert:* Was riecht hier so? *Er entdeckt den Topf mit Linsen.* Linsen! Ich glaube, Linsen sind mein Leibgericht! Ich habe seit gestern fast nichts mehr gegessen ... Gib mir von deinen Linsen, ich sterbe vor Hunger!

Jakob: Dann koch dir doch selber Linsen!

Esau: Ich hab keine Linsen!

Jakob *schaut Esau verschlagen von der Seite an:* Du willst von meinen Linsen, die ich mühsam gezüchtet und gepflegt habe? Was gibst du mir dafür?

Esau *überlegt, bietet ihm seinen Pfeil und Bogen an.*

Jakob: Was soll ich denn damit? Ich bin doch kein Jäger!

Esau *bietet ihm das nächste Wildschwein an, das er fängt, wenn er wieder jagen geht.*

Jakob *lehnt ab und macht selber einen Vorschlag:*
Gib mir dein Erstgeburtsrecht dafür!

Esau: Mein Erstgeburtsrecht?

Jakob: Ja, dass ich von unserem Vater den Segen bekomme – und nicht du, weil du der Ältere von uns bist!

Esau: Was willst du mit dem Segen? Davon kannst du nicht herunterbeißen!

Jakob: Vielleicht hast du recht. Mir sind unsere Glaubenstraditionen eben wichtiger als dir.

Esau: Ich habe tierisch Hunger – wozu brauche ich ein Erstgeburtsrecht, davon wird man nicht satt. Du kannst es haben – jetzt gib schon die Linsen her!
Er reißt den Topf vom Feuer.

Jakob *nimmt ihm den Topf wieder weg:*
Halt! Erst musst du schwören!

Esau: Ja, gut, ich schwöre, aber mach schnell!

Jakob *spricht Esau vor, was er schwören soll.*

Esau *hebt die rechte Hand zum Schwur und spricht nach.*

Jakob *holt Teller und Löffel, schöpft für Esau Linsen raus.*

Esau *isst gierig, lässt sich eine zweite Portion geben.*

Jakob *geht zur Seite und bemerkt, dass Esau wirklich Stroh im Hirn hat, wenn er seinen Segen für ein paar blöde Linsen verkauft.*
Er reibt sich die Hände, weil er jetzt den Segen bekommt!

M 3 Die Bedeutung des Segens

✗ Lest den Bibeltext 1. Mose 25,19–34 und tauscht euch zu folgenden Punkten aus:
- Mögliche Rückfragen, die euch beim Lesen kamen
- Eure Meinungen zum Thema Segen
- Bedeutung von Segen (siehe dazu die folgende Info)

Segen

Der Segen wurde damals von Generation zu Generation weitergegeben. Er war nicht teilbar oder multiplizierbar. Mit dem Segen war es wie mit einer kostbaren Goldmünze:
Nur eines der Kinder konnte ihn erben. Er war etwas Einmaliges.

Der Segen ist nicht etwas Abstraktes, sondern ganz konkret: Er bewirkt Fruchtbarkeit, Reichtum und Macht, Glück, Gesundheit, Hilfe, Heil und Frieden. Außerdem liegt im Segen die Zuwendung und Verheißung Gottes.

Wenn Isaak diesen Segen dem Jakob gegeben hatte, konnte er Esau also nicht noch einmal dasselbe geben. Esau bekam, was »übrig« blieb: Unfruchtbarkeit, Armut und Unterordnung.

Erstgeburtsrecht

Der erstgeborene Sohn der Familie wurde nach dem Tod des Vaters das neue Familienoberhaupt. Er trat auch beruflich in die Fußstapfen des Vaters.
Vom Erbe bekam er doppelt so viel wie die anderen Geschwister. Aber er trug dann auch die Verantwortung für die Sippe und musste die unverheirateten Familienmitglieder versorgen.

Vor allem aber bekam er den väterlichen Segen übertragen (siehe »Segen«).

Bei den Religionstagen *Jakob oder: Wer bin ich?* sollt ihr den Bibeltext 1. Mose 25,19–34 vorlesen. Ebenso ist es eure Aufgabe, eure Mitschülerinnen und Mitschüler über die Bedeutung des Segens zu informieren.

M 4 (L) Blindenübungen

Einfache große Formen (Dreieck, Kreis, Quadrat, Stern) werden auf den Boden gelegt oder mit Kreide gezeichnet. Ein/e Jugendliche/r bekommt die Augen verbunden, ein/e zweite/r stellt sich hinter den »blinden« Partner, fasst ihn an den Schultern und führt ihn behutsam an den Linien der geometrischen Form entlang. Der »Blinde« muss raten, um welche Figur es sich handelt.

Material: Kreide oder Schnur, Augenbinde

M 4 Personenbeschreibung

Ihr sollt Jakob, Esau, Isaak und Rebekka vorstellen. Überlegt euch, wie ihr das anstellen könnt: Ihr könnt die Personen spielen und von sich erzählen lassen, Standbilder sind ebenso möglich. Oder ihr macht ein Interview mit ihnen, in dem sie sich dann selbst vorstellen. Oder ihr malt die Personen auf Plakate und beschreibt sie. Oder ihr schreibt auf das Plakat das Wichtigste. Die folgenden Personenkarten geben euch die nötigen Anhaltspunkte.

Isaak

- Sohn von Sara und Abraham, geboren, als beide schon sehr alt waren. Verheiratet mit Rebekka; bei der Geburt der Söhne ist er schon 60 Jahre alt – zu der Zeit, als er Jakob segnet, also schon 100 (1. Mose 26,34).
- Weißer, schütterer Bart, Gesicht voller Runzeln; magere, faltige Arme; kann fast nicht mehr gehen, ist erblindet, hört wohl auch nicht mehr ganz gut. Liegt immer auf Polstern im dämmrigen Zelt.
- Aber er ist immer noch der Patriarch in der Familie, das Familienoberhaupt. Seine Stimme flößt immer noch allen Respekt ein: Was er sagt, das gilt.
- Esau, der Erstgeborene, ist sein Lieblingssohn – weil er gerne Wild isst und Esau, der Jäger, ihm öfter eines erlegt. Er segnet Jakob, obwohl er den Betrug eigentlich durchschauen müsste: »Die Stimme ist Jakobs Stimme, aber die Hände sind Esaus Hände.« Will er es womöglich gar nicht merken?

Rebekka

- Tochter des Betuel aus Haran, aus reicher Viehzüchterfamilie; Schwester von Laban, Viehzüchter in Haran.
- 20 Jahre lang blieb sie kinderlos; dann Geburt der Zwillinge Esau und Jakob. Eine schöne stolze Frau, geht immer sehr aufrecht; lange, schwarze Zöpfe, schwere goldene Ringe an den Armen, blitzende Augen, denen nichts entgeht. Sie trägt die Verantwortung für die gesamte Haushaltung des Zeltdorfs: für die Zelte, Kleidung, Vorräte, Essen usw.
- Jakob ist ihr Lieblingssohn, der wilde Esau ist ihr eher fremd.
- Schlau und gewitzt, benutzt auch List und Betrug, um ihre Interessen für Jakob durchzusetzen.

Esau

- Älterer Zwillingsbruder von Jakob. Rote Haare, ungepflegter Bart, Arme, Beine sowie der ganze Körper stark behaart; Haut wie Leder, großer und breiter Körperbau; Muskelpaket, wild blickende schwarze Augen.
- Hat nichts übrig für Stillsitzen. Tischsitten und feine Manieren sind ihm fremd.
- Beruf: Jäger mit Pfeil und Bogen, jagt vor allem Wildziegen und Steinböcke, nebenbei sammelt er auch manchmal Beeren, Kräuter und Wurzelgemüse, lebt öfter »von der Hand in den Mund«, weil er ganz vom Jagdglück abhängig ist.
- Lebt tage-, sogar wochenlang auf der Wanderschaft in den Wäldern und Bergen. Liebt das raue, urwüchsige und primitive Leben in der Wildnis, Einsamkeit und Unabhängigkeit.
- Er ist wenig in die Gemeinschafts- und Sozialstrukturen der Sippe eingebunden. In Esau ist ein ganzes Volk verkörpert, nämlich die Edomiter, die das Bergland südlich des Toten Meeres bewohnten. Sie waren bekannt als tapfere Krieger und Jäger, die später aber auch Wein- und Ackerbau und Handel trieben.
- Er ist Vaters Liebling.

Jakob

- Jüngerer Zwillingsbruder von Esau.
- Schwarze Haare, immer frisch rasiert und gut gepflegt, glatte bräunliche Haut. Etwas kleiner im Körperwuchs und schmalere Schultern als Esau; dunkelbraune, eher sanfte, aber schlaue Augen. Gebildet: Kann lesen und schreiben, spricht mehrere Sprachen, da er mit Händlern verkehrt, legt Wert auf gute Manieren: »ein gesitteter Mann«.
- Beruf: Schaf- und Ziegenzüchter, Wollhändler, betreibt nebenbei Anbau von Feldfrüchten wie Linsen und Getreide, hat einen klaren und kultivierten Lebensrhythmus, sammelt Wintervorräte, macht Jahresplanungen.
- Lebt fest verwurzelt im Zeltdorf der Sippe, zu der die Familie, Verwandte, Hirten und Knechte mit ihren Familien gehören. Liebt die Gemeinschaft und Geselligkeit, ist eng in den Sozialverband der Sippe mit klaren Regeln und Hierarchien eingebunden.
- In Jakob ist ein ganzes Volk verkörpert, nämlich Israel. Jakob steht für die zwölf Stämme Israels, die halbsesshafte Viehhirten, Händler und Ackerbauern waren.
- Er ist Mutters Liebling.

M 6

Spielszene: Jakobs Segen

Übt die Spielszene ein. Zwei Schüler/innen lesen den Text, vier andere spielen die Personen, ohne dabei zu sprechen!

Material: frei wählbar

Personen: Jakob
Esau
Isaak
Rebekka

Szene 1: Isaak und Esau

Isaak ist alt und tatterig, er liegt krank und blind auf seiner Matte vor dem Zelt und versteht nicht mehr alles. Mit brüchiger Stimme ruft er Esau zu sich. Esau kommt und kniet sich neben seinen Vater, begrüßt ihn.

Hinter dem Zelt steht Rebekka mit der Hand am Ohr und lauscht. Isaak streckt seine zittrigen Hände aus und legt sie tastend auf Esaus Arm mit Fell.

Isaak: Esau, ich bin alt geworden. Ich kann kaum mehr gehen. Ich bin fast blind. Sicher muss ich bald sterben. Deshalb möchte ich dir jetzt den Segen geben, der dir als dem Erstgeborenen zusteht.
So wie mein Vater mich gesegnet hat, so sollst auch du, Esau, jetzt gesegnet werden. Aber vorher habe ich noch einen Wunsch: Esau, du sollst für mich ein feines Wildbret jagen und es mir kochen, denn das war immer mein Lieblingsessen. Wenn du das gemacht hast, dann kommst du mit dem Essen wieder zu mir.

Esau: Ja, Vater. Du kannst dich auf mich verlassen!

Geht mit Pfeil und Bogen zur Jagd.

Szene 2: Rebekka und Jakob

Rebekka schleicht sich vom Zelt weg. Ganz aufgeregt ruft sie Jakob zu sich.

Rebekka: Jakob, du musst dich schnell verkleiden, zieh Esaus Sachen an!

Jakob: Was? Wieso? Was ist denn los?

Rebekka berichtet, was sie gehört hat.

Jakob: Aber der Segen gehört doch mir, Esau hat ihn mir verkauft für die Linsen!

Rebekka: Aber das weiß doch euer Vater nicht – und außerdem: Der würde trotzdem Esau den Segen geben. Aber warte, ich habe eine Idee: Wie wäre es, wenn wir schnell zwei Ziegenböcke schlachten. Dann koche ich es wie Wildbret, genauso wie es dein Vater mag. In dieser Zeit verkleidest du dich als Esau und dann bringst du es zu Isaak. Der sieht dich ja nicht. Er glaubt dann, du seist Esau, und gibt dir den Segen.

Jakob: Mutter, das ist Betrug! Meine Stimme ist ja auch ganz anders als Esaus Stimme.

Rebekka: Das klappt bestimmt, Jakob. Überleg nicht lange, handle, denn sonst kommt Esau zurück, bevor dein Vater dich gesegnet hat.

Jakob holt den Kocher und den Topf und setzt das Essen auf. Rebekka holt die Verkleidung und verkleidet Jakob (Fell umlegen, Haare zerzausen, Fellreste um die Arme wickeln ...). Dann schickt sie Jakob los zu Isaak.

Szene 3: Isaak und Jakob

Jakob kommt mit dem Topf zu Isaak.

Jakob: Hallo Vater!

Isaak: Hallo, wer ist da?

Jakob: Ich bin's!

Isaak: Jakob?

Jakob *erschrickt, fasst sich*: Nein, ich, Esau! Ich habe dir das Wildbret gebracht.

Isaak: Esau, du bist schon wieder da? Komm her zu mir!

Jakob kniet sich mit etwas Abstand zu Isaak und hält ihm das Essen entgegen.
Isaak riecht das Essen.

Isaak: Mmh, mmh, mir läuft das Wasser im Mund zusammen. Ich danke dir, Esau! Mein Schöpfer, ich danke dir für deine Gaben!

Isaak fängt an zu essen.

Jakob: Ich habe Glück gehabt und gleich in dem Wäldchen hinter der Schafweide ein Wildschwein erlegt. Deshalb bin ich auch schon wieder da.

Isaak horcht, guckt misstrauisch, stellt den Teller weg.

Isaak: Bist du wirklich Esau?

Jakob: Ja, warum, was ist?

Isaak: Deine Stimme klingt wie die von Jakob.

Jakob ringt heimlich die Hände, er versucht seine Stimme zu verstellen.

Jakob: Aber Vater, ich bin Esau, du hast doch mir gesagt, ich solle dir das Essen kochen – und ich habe es gebracht!

Isaak: Ja, mein Sohn.

Streckt die Hände nach ihm aus.

Isaak: Esau, bitte komm näher zu mir! *Betastet ihn unsicher und ausführlich an den Armen und am Kopf.*

Isaak: Du hast Arme wie Esau und Haare wie Esau und riechst wie Esau – nur deine Stimme, die klingt so komisch.

Jakob: Ach, Vater, du hörst ein wenig schlecht?

Isaak überlegt kurz.

Isaak: Esau, bitte hilf mir, dass ich mich aufsetzen kann.

Jakob muss vor ihm knien. Isaak legt die Hände auf seinen Kopf und spricht den Segen.

Isaak: Gesegnet seist du, mein Sohn. Gesegnet sei die Erde, auf der du gehst. Gesegnet sei alles, was du in die Hand nimmst. Reich sollst du sein und viel Korn und Wein haben. Du sollst das Familienoberhaupt sein. Auch dein Bruder soll sich vor dir verbeugen. Und wer dich segnet, soll auch gesegnet sein! Amen.

Jakob hilft Isaak wieder beim Hinlegen und geht.

Szene 4: Isaak und Esau

Esau kommt mit Pfeil und Bogen über der Schulter und einem Topf Essen.

Esau: Vater, hier bin ich!

Isaak *schreckt auf:* Wer? – Esau??

Esau: Ja, Vater, hier bin ich und habe dir das Wildbret gejagt und gekocht, wie du es dir gewünscht hast!

Isaak *verwirrt:* Ja, aber, aber ... du warst doch schon bei mir ... Ich habe doch schon gegessen.

Esau: Was, das kann nicht sein, ich bin doch gerade erst zurückgekommen!

Isaak murmelt vor sich hin, er ist aufgeregt, richtet sich auf.

Isaak: Das kann nicht sein, das kann nicht sein ... wie war das nur ... das muss doch Jakob gewesen sein!

Esau *schreit auf:* Jakob war da??? Und hat dir ein Essen gebracht? Und ... und ... du hast ihm den Segen gegeben??

Isaak: Ich habe dem Falschen den Segen gegeben, ich habe Jakob den Segen gegeben.

Esau springt zornig auf, schreit nach Jakob, der natürlich nicht erscheint, schreit seinen Vater an, wie er ihn nur verwechseln konnte – das kann nur einem alten, verwirrten Mann passieren! Kniet sich dann wieder zu Isaak und sagt heiser, atemlos:

Esau: Und jetzt, den Segen, gib mir meinen Segen! Ich brauche meinen Segen!

Isaak *verzweifelt:* Ich habe meinen Segen doch schon vergeben, was soll ich denn jetzt machen, ich kann den Segen nur einmal vergeben.

Esau *schreit:* Ich will meinen Segen! Du hast doch noch einen anderen Segen!

Isaak legt die Hände auf Esaus Kopf und segnet Esau:

Isaak: Gesegnet seist du – mit Armut! Von dem, was du mit Pfeil und Bogen jagst, musst du leben. Durch die Wälder musst du streifen. Und deinem Bruder musst du dienen.

Esau springt auf, brüllt:

Esau: Wo ist dieser Jakob! Wenn ich den kriege, ich werde mich rächen!

Rennt weg.

Szene 5: Rebekka und Jakob

Rebekka kommt, sieht sich vorsichtig um, sie hat einen Rucksack dabei. Ruft leise.

Rebekka: Jakob, komm her, schnell!

Jakob taucht auf.

Rebekka: Du musst fliehen, jetzt sofort, ganz schnell – geh weit fort, so weit du kannst – und komm nie wieder zurück! Esau bringt dich um, wenn er dich erwischt!

Jakob *verzweifelt*:
Aber wo soll ich denn hingehen?

Rebekka: Geh zu unseren Verwandten nach Haran, zu meinem Bruder Laban. Er ist ja dein Onkel. – Aber geh schnell!

Sie streckt ihm den Rucksack hin.

Rebekka: Hier habe ich alles Wichtige für dich eingepackt.

Jakob nimmt den Rucksack, setzt ihn auf, umarmt seine Mutter, sie weinen, dann läuft Jakob weg.

Rebekka geht zu Isaak und hilft ihm aufzustehen. Sie gehen ab.

M 7 (L) Fantasiereise zur Geschichte von der Himmelsleiter

Ich möchte euch jetzt zu einer Fantasiereise einladen.
Wir begleiten Jakob in einer ganz besonderen Nacht seines Lebens.
Wir gehen in seine Geschichte hinein, und jeder kann mit seinen eigenen Augen – und mit seinem eigenen Herzen – sehen, was ihm begegnet.

Bitte legt euch ganz bequem auf eure Matte. Sucht eine Position, in der ihr euch wohlfühlt.
Schließt, wenn möglich, eure Augen.
Atmet ein – und dann ganz tief aus. – Ein und aus.
Atmet in eurem eigenen Rhythmus und spürt dabei, wie das Ausatmen euch gut tut.

Richte deine Gedanken jetzt ganz auf dich selbst.
Spüre, wie du dich fühlst, und atme dabei wieder ganz tief ein – und aus.

Stell dir jetzt vor, dass es dunkel ist.
Du bist draußen. Ein sternenklarer Himmel leuchtet über dir.
Die Luft ist angenehm und frisch.
Du bist auf dem Weg. Allein. Mit jedem Schritt, den du gehst, entfernst du dich von zu Hause.
Von deiner Mutter, deinem Vater, deinem Bruder.
Du gehst in die Fremde, ins Ungewisse.

Du spürst so viele Gefühle in dir.
Angst – ist das stärkste davon.
Was wird dich erwarten? Welche Gefahren lauern auf dich in der Nacht? In der Fremde?

Dein schlechtes Gewissen nagt an dir.
Du hast deinen Bruder betrogen. Er hasst dich jetzt.
Seine Augen scheinen dich immer noch anzustarren, obwohl du schon den ganzen Tag gegangen bist.

Heimweh hast du.
Nach deiner Mutter, die immer gut zu dir war. Sie liebt dich und war immer für dich da. Du konntest dich total auf sie verlassen.
Heimweh hast du auch nach deinem Vater – vielleicht sogar nach dem Bruder. Du warst so oft mit ihm zusammen. Er gehört zu dir, seit du geboren bist.

Aber du spürst auch Kraft in dir. Es ist dein Weg, den du gehst.
Du allein.
Du bist selbstständig, mutig, klug. Du wirst es schaffen.
Du atmest die Luft ein und sie schmeckt nach Freiheit.

Die Welt liegt offen vor dir – voller Abenteuer und Geheimnisse. Keiner kann dich mehr zurückhalten.
Keiner kann dir sagen, was gut und schlecht für dich ist.
Ab jetzt bist du dein eigener Herr.
Du nimmst dein Leben in die eigene Hand.

Lange läufst du so durch die Nacht.
Mit all deinen Gefühlen und Gedanken.
Du spürst Gefühle, die dir gut tun, und Gefühle, die dir Angst machen.

Jetzt merkst du plötzlich, wie erschöpft du bist.
Deine Beine werden schwer. Du bist so weit gelaufen. Es ist Zeit, eine Rast einzulegen.
Ein paar Stunden zu schlafen.

Du schaust dich um. Es ist ziemlich öde hier. Ein paar spärliche Olivenbäume – Steine auf dem Boden.

Doch jetzt siehst du – im Licht des Mondes – ein paar große Steinblöcke. Sie können dir Schutz geben.
Du gehst hin. Ja, hier ist ein guter Platz.
Du legst dein Bündel neben dich, ziehst deine Schuhe von den heißgelaufenen Füßen und legst dich auf den Boden.

Da ist ein Stein – der soll das Kopfkissen sein.
Müde bist du. Du schaust in die Weite des Sternenhimmels – und spürst wieder das Heimweh, die Sehnsucht nach der Geborgenheit deiner Familie.

Doch dann fällst du in einen tiefen, barmherzigen Schlaf.

Tief atmest du ein und aus.

Und dann siehst du – obwohl die Augen geschlossen sind – plötzlich ein Licht.
Ein gutes, ein schönes Licht.
Es kommt von weit her – vom Himmel – und es fällt genau auf dich.
Schön ist es – golden und warm.
Es tut dir gut – auf dem Gesicht und im Herzen.

Alle Angst – alle Anstrengung scheint es von dir wegzunehmen.

Und da siehst du auf einmal, wie eine leuchtende Gestalt durch das Licht auf dich zukommt.
Leise, sanft und lächelnd beugt sie sich zu dir herunter.
Du fühlst dich, als würde diese Gestalt alle Angst von dir nehmen. Es wird dir leicht ums Herz.
Du fühlst dich auf einmal sicher und geborgen.

Dann entfernt sich die Gestalt wieder. Leicht schwebt sie nach oben –
und du fühlst, wie sie deine Ängste mitnimmt, wie dir leicht ums Herz wird.

Und da kommt noch eine weiße, leuchtende Gestalt.
Auch sie beugt sich zu dir – sie bringt dir Glück. Das spürst du ganz deutlich und klar.
Wie sie wieder davonschwebt, gibst du ihr mit, was dir auf dem Herzen gelegen hat.

Und dann vertraust du dich der nächsten Gestalt an, die sich zu dir beugt …

Tief in dir spürst du, dass etwas Gutes, Wunderbares mit dir geschieht,
etwas, dem du dich ganz und gar anvertrauen kannst.

Und dann siehst du plötzlich – oben am anderen Ende des Lichtstrahls –
eine Gestalt.
Weit weg ist sie und doch ganz nah.
Und du weißt:
Hier ist es gut.
Hier bin ich zu Hause.
Hier werde ich geliebt.

Und du hörst eine gute Stimme.
Sie sagt deinen Namen.
Sie segnet dich.
Sie spricht heilvolle Worte über dir aus.
Schön ist das! Es erfüllt dich ganz und gar. Du vertraust dich dieser Stimme an.

- - -

Und dann – ganz langsam – verlischt das Licht.
Die Nacht kehrt zurück. Du fällst in einen tiefen, erholsamen Schlaf. In dir schwingt das Gefühl der Geborgenheit. Du bist ganz sicher.

Ganz langsam erwachst du.
Die Morgensonne geht auf und du siehst einen Vogel, der am weiten, blauen Himmel seine Kreise zieht.

Du öffnest jetzt – in deinem Tempo und wann du möchtest – deine Augen,
atmest ein paar Mal ganz kräftig ein und aus, streckst und dehnst dich,
und kehrst mit deiner Aufmerksamkeit zurück in diesen Raum – in unseren Kreis.

Anschließend gehen alle schweigend zu den Tischen, die schon vorher entlang der Wand aufgestellt wurden und auf denen Wasserfarben, Wachsmalstifte und große Blätter bereitstehen.

Aufgabe ist es, ein Bild zu malen von dem, was man auf der Reise gesehen, erlebt hat, was besonders eindrücklich, schön … war.

M 8 Erzählpantomime mit Overhead-Projektor

Der Erzähler liest die Geschichte vor, Jakob und der »Vorübergehende« spielen dazu pantomimisch. Jakob legt sich schließlich vor der Leinwand schlafen, sein Traumbild wird als Folienbild projiziert.

Rollen: Erzähler/in
Stimme Gottes
Jakob
»Vorübergehender«

Material: möglichst großer Stein
kleines Salbfläschchen
Tageslichtprojektor
Leinwand,
Traumbildfolien: Folie 1 = helles gelbes Licht (gelbe Folie)
Folie 2 = Leiter (könnt ihr leicht selbst malen)
(evtl. Folie 3 = engelähnliche Gestalten; dazu könnt ihr die Umrisse aus einer Kinderbibel auf Folie zeichnen und gelb anmalen)

Tipp für die Erzählpantomime:
Wichtig ist, dass alles nicht zu schnell geht! Also nicht erzählen und husch, husch dazu spielen – dann ist alles vorbei, bevor eure Mitschüler überhaupt etwas richtig aufgenommen haben. Hören und Sehen sollten zumindest teilweise getrennt werden: Zuerst hören wir zu – dann können wir es mit den Augen als Bild nachvollziehen.
Deshalb: Der Erzähler, die Erzählerin muss immer wieder längere Pausen machen, in denen der Spieler das Erzählte ausführlich spielen kann. Der Spieler stellt die neue Szene erst dann dar, wenn der Erzähler seinen Satz beendet hat.

Im Folgenden ist der Lesetext zur Pantomime abgedruckt. Dazwischen stehen kursiv geschriebene Regieanweisungen, die euch beim Einstudieren der Szenen helfen können.

Szene 1: Jakob auf der Flucht

Jakob kommt angelaufen, mit einem Rucksack oder Bündel über der Schultern mit ängstlich eingezogenem Kopf.

(während Jakob weiterwandert) Da ist Jakob. Schon seit zwei Tagen ist er jetzt auf der Flucht. Er hat seinen Bruder Esau um den Segen betrogen, und jetzt hat Esau geschworen, dass er sich rächen will.
Immer wieder schaut Jakob sich ängstlich um, ob da nicht jemand ist und ihn verfolgt.

Jakob hält im Laufen inne, schaut sich mit großen Augen ängstlich um: erst rechts, dann links, zuletzt ganz hinten, seufzt, geht weiter ...

Da – ein Geräusch! Jakob erschrickt fast zu Tode. Hinter jedem Stein könnte Esau hervorspringen!

Jakob zuckt zusammen, zieht erschrocken (laut) die Luft ein, sieht sich gehetzt wieder nach allen Richtungen um.

Jetzt hört er Schritte! Schnell versteckt sich Jakob hinter einem Felsen. Niemand soll ihn sehen.

Jakob legt die Hand ans Ohr – der Vorübergehende lässt Schritte von sich hören, Jakob fasst sich mit der Hand ans Herz – schaut sich nach einem Versteck um, springt hinter den Altar. Der Vorübergehende, dessen Schritte man bisher nur gehört hat, taucht mit Gepäck beladen auf. Vor Jakobs Versteck bleibt er stehen, stellt das Gepäck ab, verschnauft, wischt sich die Stirn, sieht sich ein wenig um, nimmt dann das Gepäck und wandert weiter, verschwindet wieder.

Jakob kommt vorsichtig aus seinem Versteck, lässt erleichtert die Schultern fallen.

Da hat Jakob noch einmal Glück gehabt. Schnell wandert er weiter. Er muss weg, weit weg, dahin, wo ihn niemand mehr kennt.

Jakob wandert weiter – in eine andere Richtung als der Vorübergehende.

Aber so langsam tun ihm die Beine weh – er kann nicht mehr. Er ist ganz verzweifelt.

Jakob wandert langsamer, reibt sich zwischendurch die Beine, bleibt stehen, schlägt die Hände vors Gesicht und schüttelt verzweifelt den Kopf (bleibt so während des nächsten Erzählabschnitts).

Ach, was nützt ihm jetzt der ganze Segen, wo er doch auf der Flucht ist und nie mehr nach Hause kann! Jetzt ist er ganz allein auf der Welt, er hat niemanden mehr – keinen Freund, keine Familie. Er ist ein Betrüger, ein Segenserschleicher! Jetzt muss er für immer Angst haben vor seinem Bruder. Und niemand kann ihm helfen. Jetzt muss er den Betrug für immer büßen! – Müde wandert Jakob weiter.

Jakob wandert müde.

Als es Abend wird, kommt er zu einem kleinen Hügel mit einem Baum und einem Stein, da legt er sich hin und schläft ein.

Jakob schaut sich nach einem Schlafplatz um, entdeckt den Stein, holt eine Decke aus seinem Rucksack, legt sich hin, den Kopf auf den Stein, deckt sich zu, gähnt, schläft ein.

Szene 2: Der Traum (mit Overhead-Projektor)

Jakob liegt und schläft.

Ganz ruhig heben und senken sich seine Schultern. Jakob schläft fest. Aber auf einmal ist ihm, als sähe er ein Licht.

Tageslichtprojektor an: Folie 1

Es wird immer heller. Das Licht kommt vom Himmel – und da: Mitten in dem Licht ist es, als ob eine Leiter vom Himmel herabführen würde.

Folie 2 wird langsam von oben über Folie 1 geschoben

Unten ist sie breit, aber oben wird sie immer schmaler – bis sie sich zuletzt wie ein silberner Faden in der Unendlichkeit verliert.

Jetzt ist es, als ob sich auf der Leiter etwas bewegt, etwas Helles, wie Lichter, die auf der Leiter herabsteigen. Sind das Engel? Boten Gottes?

Eventuell Folie 3 (es kann aber auch einfach das Bild der Leiter stehen bleiben)

Oben wird das Licht so hell, dass er nicht hinschauen kann. Dort ist Gott, das spürt Jakob. Der Himmel ist offen, und da ist Gott selber.

Da hört Jakob eine Stimme:

Stimme Gottes: Ich bin dein Gott, der schon mit deinem Großvater Abraham geredet hat. Höre, Jakob: Das Land, auf dem du jetzt liegst und schläfst, wird einmal dein Land sein und das Land deiner Kinder – das verspreche ich dir. Und aus dir wird ein ganzes Volk werden und das wird voller Segen sein!
Und du kannst sicher sein, dass ich mit dir bin und dich behüte, überall, wo du auch hingehst. Ich begleite und schütze dich und gebe dir Kraft.
Und eines Tages werde ich dich wieder zurückbringen in dieses Land. Ich werde dich nicht verlassen, Jakob, ich bin bei dir!

Erzähler: Dann wird das Licht langsam schwächer und verschwindet. Jakob schläft tief.

Tageslichtprojektor aus

Szene 3: Jakob erwacht am nächsten Morgen

Als er aufwacht, ist es heller Morgen.

Jakob wacht auf, streckt die Arme, setzt sich hin, reibt sich die Augen, sieht sich verwundert um.

Jakob sieht sich verwundert um. Wo war er heute Nacht? Was hat er geträumt? War das wirklich nur ein Traum? Er weiß es nicht so recht: Er kann sich so genau erinnern, als sei es kein Traum gewesen, sondern Wirklichkeit.

Und was hat Gott zu ihm gesagt? Dass er bei ihm sein und ihn behüten werde, immer und überall. Auch auf der Flucht würde Gott ihn begleiten – und obwohl er seinen Bruder betrogen hatte, würde Gott ihn nicht verlassen.

Jakob reckt sich. Seine Angst ist verflogen. So ein wunderschöner Morgen – und ihm würde nichts geschehen. Das wusste er jetzt in seinem Herzen.

Jakob reckt sich, steht auf, schaut suchend mit der Hand über den Augen zum Himmel.

Jakob kniet auf den Boden, neben dem Stein, nieder.

Jakob kniet nieder, erhebt die Hände zu Gott zum Gebet.

Jakob: Großer, heiliger Gott, ich danke dir, dass ich lebe. Ich danke dir, dass du immer für mich da bist. Und ich danke dir, dass du mir das heute Nacht gezeigt hast. Ich werde es nie vergessen. Amen.

Jakob verneigt sich und steht auf.

Dann holt er seinen Rucksack. Er holt ein kleines Fläschchen heraus. Es ist Öl darin, gutes, kostbares Olivenöl.

Jakob holt den Rucksack, holt gut sichtbar ein Fläschchen heraus und gießt ein wenig von dem Öl auf den großen Stein.

Jakob: Das hier ist ein heiliger Ort, ein heiliger Stein, weil Gott mir hier im Traum erschienen ist. Hier bei diesem Stein gibt es eine Leiter, eine Verbindung zwischen Himmel und Erde. Dieser Ort soll Bet-El heißen, Haus Gottes. Und später, wenn ich zurückkomme, werde ich hier einen Altar für Gott bauen.

Jakob packt seinen Rucksack und setzt ihn auf.

Jakob: Jetzt werde ich zu meinem Onkel Laban wandern und dort ein neues Leben anfangen.

Erzähler: Jakob packt Fläschchen und Decke ein, setzt den Rucksack auf und wandert fröhlich pfeifend fort.

Fröhlich marschiert er los.

M 9 (L) Auswertungsimpulse für Jakobs Traum

Fragen zur Wiederholung
- Was denkt/ wie argumentiert/ wie fühlt Jakob **vor** dem Traum?
- Was sagt/ wie argumentiert/ Gott **im** Traum?
- Was denkt/ wie argumentiert/ wie fühlt Jakob **nach** dem Traum?

Die Antworten werden gesammelt, auf Kärtchen geschrieben und dann an die jeweilige Stelle auf einem Bodenplakat aufgeklebt.

Skizze für das Bodenplakat

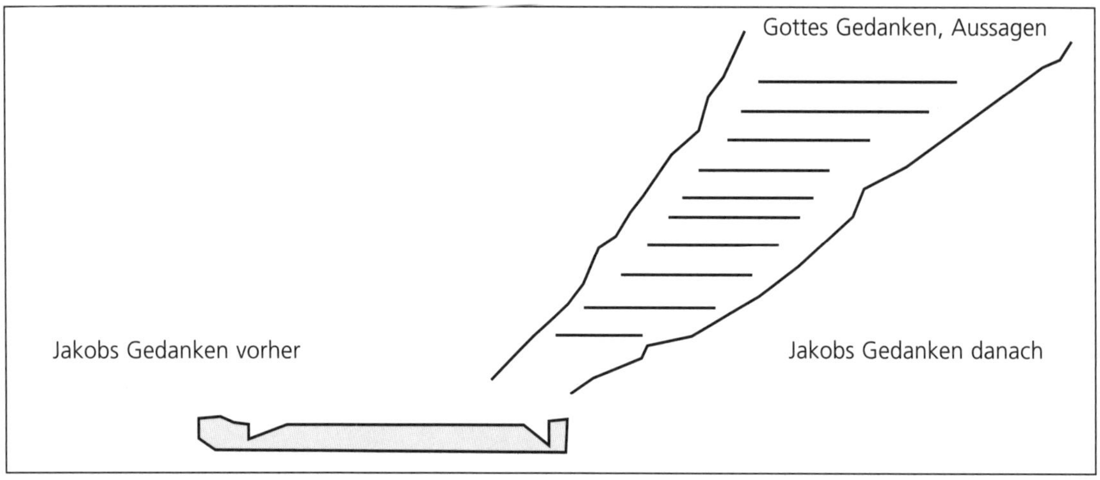

Impulse für ein Auswertungsgespräch
- Was tut Gott? – Er kommt Jakob entgegen.
- Kommt Gott auch uns entgegen?
- Gott nimmt uns an – egal wie wir sind.
- Ist das gerecht?
- Ist Gott gerecht?

M 10 (L) **Exkurs**

Ist das gerecht?
Der Gott Jakobs

Warum bekommt der Betrüger Jakob den Segen? Warum ist er der Erwählte? Einer, der auf Kosten anderer lebt und doch den Segen bekommt?

Was ist das für ein Gott, der sagt: »Jakob habe ich geliebt, aber Esau habe ich gehasst« (Römer 9,13), der sich willkürlich heraussucht, wen er segnet und wen nicht? Ist das gerecht?

In der Bibel begegnet uns auch ein Gottesbild, das uns eher unverständlich erscheint, das uns ärgert oder gar erschreckt.

Auch im Neuen Testament – etwa im Gleichnis von den Arbeitern im Weinberg (Matthäus 20,1–20) heißt es: »Steht es mir nicht frei, mit dem Meinigen zu tun, was ich will?«

Dieses Gottesbild ist höchst anstößig für uns. Wie können wir mit einem solchen unberechenbaren Gott klarkommen, der uns erwählt und verwirft, egal wie gut oder schlecht wir sind? Und wie können wir das mit den Jugendlichen kommunizieren?

Eine Antwort gibt der Apostel Paulus: »So liegt es nun nicht an jemandes Laufen oder Wollen, sondern an Gottes Erbarmen« (Römer 9,16).

Können wir es nicht so betrachten: Es ist nicht Gottes Willkür, der wir ausgeliefert sind, sondern es ist seine Gnade, die uns erwählt, obwohl wir es niemals »verdient« hätten? Alle Erwählung ist reines Erbarmen, ist ein Geschenk, das nicht einforderbar ist. »Gäbe es einklagbare Gründe, die sie (die Gnade) erzwingen, erklären oder auch nur plausibel machen könnte, dann wäre sie keine Gnade mehr.« (Walter Dietrich, Die dunklen Seiten Gottes, Neukirchen-Vluyn [2]1997, S. 18).

Der Segen, den der Betrüger Jakob bekommt, ist Gottes unverdientes, reines Gnadengeschenk, auf das er hoffen und vertrauen darf.

Aber wenn ich ein »Esau« bin? Wo ist dann Gottes Gnade?

Wenn wir genau nachlesen, bekommt auch Esau seinen Segen: Ist er nicht ein wohlhabender, zufriedener, erfüllter Mensch, als er am Ende Jakob gegenübertritt? Er musste die Heimat nicht verlassen und konnte in der Nähe der Eltern bleiben, er konnte seinen geliebten Jägerberuf behalten, hat eine große Familie und Sippe aufgebaut, ist reich und braucht Jakobs Versöhnungsgeschenke nicht – und vor allem: Auch er muss nicht mehr die Rachsucht in sich nähren, sondern ist mit Versöhnungsbereitschaft gesegnet.

Trotzdem bleibt das Wort: »Jakob habe ich geliebt, Esau aber habe ich gehasst.«

Der Anstoß bleibt. Das Warum löst sich nicht endgültig auf. Die Erwählung Gottes bleibt ein Geheimnis, das wir nicht verstehen und mit dem wir hadern, denn wir sehen eben nicht nur die Gnade der Erwählung, sondern auch ihr Gegenstück: die Ungnade. Und wir werden immer unter der Ungerechtigkeit und Widersprüchlichkeit leiden.

Über alle Widersprüche hinweg aber können wir an Gottes Barmherzigkeit festhalten: Auf sie können wir hoffen, und wir müssen sie uns nicht verdienen, sondern bekommen sie geschenkt!

Wir können darauf vertrauen, dass Gottes Verheißung unverbrüchlich für uns gilt – egal ob wir »Jakob« oder »Esau« sind: »In dir sollen gesegnet werden alle Geschlechter auf Erden.« Denn das schließt Jakobs wie Esaus Geschlecht ein. Dieses Versprechen gilt für die ganze Welt, auch für uns.

Und damit haben wir nicht nur eine vage Hoffnung, dass Gott uns vielleicht erwählen könnte, sondern können fest darauf vertrauen, dass Gottes Segen auch uns gilt.

M 11 (L) Jakobs Rückenmassage

Alle stehen im großen Kreis hintereinander. Jede/r berührt den Rücken des vor ihr/ihm stehenden Mitschülers und massiert ihn mit beiden Händen nach der folgenden »Anleitung«:

Jakob musste als Kind laufen lernen.	*mit beiden Händen Schritte gehen*
Wenn er sich freute, dann hüpfte er.	*mit den Händen hüpfen*
Manchmal tröstete ihn seine Mutter.	*den Rücken streicheln*
Manchmal gab sie ihm einen Klaps.	*einen Klaps geben*
Jakob lernte kochen.	*Kochbewegungen machen*
Jakob lernte Schafe zählen.	*zehn Punkte auf Rücken klopfen*
Jakob lernte schreiben.	*Buchstaben schreiben*
Jakob rannte mit Esau in den Wald.	*kräftig und schnell schlagen*
Manchmal wurde er müde und schlief.	*mit den Händen auf dem Rücken bleiben*
Am Morgen stand er wieder auf.	*hochkrabbeln und »weggehen«*
Einmal musste er fliehen.	*schnell mit den Händen gehen*
Er war ganz allein.	*mit dem rechten Zeigefinger in die Mitte*
Bei Laban musste er viel arbeiten.	*Handrücken auf und ab*
Er musste Schafe scheren.	*Handrücken auf- und zumachen*
Auf Laban war er manchmal wütend.	*Fäuste hämmern auf den Rücken*
Rahel und die Kinder streichelte er.	*sanfte Kreisbewegungen machen*

Das tat gut. Wir strecken uns nun und freuen uns, dass es uns gutgeht.

M 12 (L) Hahnenkampf

Zwei Personen stehen sich gegenüber. Sie verschränken die Arme vor dem Brustkorb und stehen auf einem Bein. Nun hüpfen sie aufeinander zu. Sie versuchen sich gegenseitig zu kippen, so dass das Stehen auf dem zweiten Bein nötig wird. Wer zuerst auf beiden Beinen steht, hat verloren.

M 13 Nächtlicher Kampf mit einem Unbekannten

Ein Schattenspiel auf dem Overhead-Projektor

Stumme Figuren und Requisiten:	Kinder Kamele Esel Schafe Grenzstein
Sprecher/innen und Spieler/innen:	Erzähler Jakob Lea Rahel Schatten Bote

Ihr könnt die Spielfiguren aus Papier anfertigen (am besten ausreißen) und anschließend auf dem OHP die Geschichte spielen. Die stummen Figuren und Requisiten liegen auf dem OHP. Zu den Sprecherrollen spielen gleichzeitig Einzelne aus eurer Gruppe, deren Bewegungen durch das Licht des OHP an die Leinwand projiziert werden: So entsteht ein Zusammenspiel zwischen Lesenden, spielenden Personen und den Figuren und Requisiten auf dem OHP.

Szene 1: Jakob und seine Frauen

Jakob, Rahel, Lea, Kinder, Tiere

Lea: Ach Jakob, sollen wir wirklich weiterziehen? Sollen wir nicht lieber umkehren?

Jakob: Nein, Lea, ich muss nach Hause! Ich muss meine Eltern besuchen.

Lea: Die sind doch schon uralt!

Jakob: Gerade deshalb! Ich muss meinen Vater um Verzeihung bitten – und Esau auch. Ich kann doch nicht für immer so zerstritten weiterleben.

Rahel: Hast du keine Angst vor deinem Bruder?

Jakob: Doch, Rahel, ich habe Angst ... Bisher hat Gott es gut gemeint mit mir. Aber jetzt?

Lea: Wir sollten vorsichtig sein, wir müssen doch an die Kinder denken.

Jakob: Ja, du hast recht. Vielleicht bleiben wir am besten erst mal hier und schlagen unsere Zelte auf, bis ich weiß, was mit Esau ist. Ich werde einen Boten zu ihm hinschicken.

Rahel: Das ist gut, so machen wir es.

Rahel und Lea, Kinder und Tiere ab

Erzähler: Jakob schickt einen Boten los zu Esau, mit der Nachricht, dass Jakob wieder in der Nähe ist und sich versöhnen will.

Jakob ruft den Boten. Der Bote kommt, Jakob spricht mit ihm, der Bote nickt. Jakob schickt den Boten weg, der Bote geht. Licht aus!

Szene 2: Jakobs Kampf mit Gott

Licht an – Jakob liegt da und schläft.

Erzähler: Mitten in der Nacht wacht Jakob auf.

Jakob wacht auf, setzt sich, schaut nach oben.

Erzähler: Es ist ganz dunkel. Kein Mond, keine Sterne. Nebelschwaden steigen auf. Und ganz still ist es. Da sieht Jakob im Nebel einen Schatten. Ist es ein Mensch? Ist es ein Tier?

Schatten taucht am Rand auf, Jakob steht auf.

Jakob: Wer ist da?

Erzähler: Keine Antwort. Aber der Schatten kommt näher, er wird größer und größer.

(Dass die Figur wie ein undeutlicher Schatten aussieht und gleichzeitig größer wird, wird erreicht, wenn die Figur sich langsam ein Stück vom OHP entfernt, während Jakob auf dem OHP bleibt.) Im Folgenden spielen die beiden Figuren langsam und stilisiert den »Ringkampf«, wobei der Schatten weiterhin den Abstand wahrt.

Erzähler: Da wird Jakob von einer Hand gepackt. Starke Arme schlingen sich um seinen Hals. Jakob erschrickt. Eine unbeschreibliche Angst überkommt ihn, aber er wehrt sich mit allen Kräften und reißt sich von der Gestalt los. Doch er rennt nicht weg.

Figuren auseinander

Erzähler: Die Gestalt kommt wieder auf ihn zu. Dann kämpfen sie erneut miteinander. Der Ringkampf geht hin und her. Jakobs Gegner ist stark, aber Jakob ist genauso stark. Er ist sogar stärker.

Die Figuren ringen.

Erzähler: Da spürt Jakob einen heftigen Schlag auf seine Hüfte.

Schlag auf die Hüfte

Schatten: *(ruhig und freundlich)* Lass mich los, denn es wird schon langsam hell!

Erzähler: ... sagt die Gestalt ruhig und freundlich. »Das ist kein Mensch«, denkt Jakob und hält die Gestalt fest.

Jakob: Ich lasse dich erst los, wenn du mich segnest!

Schatten: Wie heißt du?

Jakob: Jakob!

Schatten: Den Segen hast du doch schon. Er gilt. Und ich gebe dir einen neuen Namen. Du sollst nicht mehr Jakob heißen, sondern Israel. Das bedeutet Gottesstreiter!

Jakob: Und wie heißt du?

Erzähler: Keine Antwort. Aber der Schatten legt Jakob die Hand auf zum Segen.
Da lässt Jakob die Gestalt endlich los und sinkt erschöpft auf den Boden.

Schatten hält die Hand über Jakob. Jakob lässt los, sinkt zu Boden, schläft.

Erzähler: Als er wieder aufwacht, ist es hell, der Nebel ist verschwunden.

Jakob erwacht, setzt sich auf, sitzt grübelnd da.

Erzähler: Jakob weiß nicht, ob er das wirklich erlebt hat oder ob er nur geträumt hat. Aber ihm tut alles weh. Was hat die Gestalt gesagt? »Gottesstreiter«? Hat er wirklich mit Gott gestritten – gekämpft?

Jakob: Wenn ich mit Gott ringen kann, dann brauche ich auch keine Angst vor Esau zu haben. Und vor niemandem mehr. Dann kann ich mit jedem kämpfen. Gott ist auf meiner Seite. Ich bin ein Gottesstreiter!

Jakob steht auf, zuckt dabei aber vor Schmerz zusammen, hält sich die Hüfte.

Jakob: Au, meine Hüfte, ich kann nicht mehr richtig laufen!

Jakob versucht zu gehen, aber bei jedem Schritt knickt er ein. Er hält sich wieder die Hüfte.

Jakob: Das ist genau dort, wo ich den Schlag abbekommen habe ... Ist das ein Zeichen von Gott? Dass ich nicht mehr kämpfen soll?

Erzähler: Nachdenklich sieht sich Jakob um und hebt einen dicken Ast auf, den er als Stock nehmen kann. So geht es besser mit dem Laufen.

Jakob hebt den Stock auf und hinkt weg.

Szene 3: Jakob zieht Esau entgegen

Jakob erscheint wieder, hinkend, mit Stock.

Erzähler: Am nächsten Mittag kommt der Bote zurück.

Der Bote taucht am anderen Bildrand auf, Jakob formt die Hände zum Trichter und ruft.

Jakob: Hast du Esau gesehen? Was hat er gesagt? Wie geht es ihm?

Bote: Ja, ich habe ihn gesehen. Er kommt dir schon entgegen. Aber er hat 400 Männer bei sich. Sie sind alle bewaffnet mit Pfeil und Bogen und Schleudern.

Bote geht ab, Jakob schlägt die Hände vors Gesicht. Aber dann formt er wieder die Hände zum Trichter:

Jakob: Lea! Rahel!

Lea und Rahel erscheinen.

Jakob: Hört zu. Esau hat mir wahrscheinlich nicht vergeben. Aber ich weiß ganz sicher, dass Gottes Segen bei mir ist, auch heute. Und wir werden jetzt Esau entgegenziehen, alle miteinander.

Rahel und Lea: Aber die Kinder ...

Jakob: Auch die Kinder. Wenn Esau die ganze Familie sieht, hat er vielleicht Erbarmen mit mir. Und außerdem: Gott wird uns retten, darauf vertraue ich. Kommt!

Alle gemeinsam auf eine Seite ab. Licht aus!

M 14 Sieger Köder: Jakobs Kampf

◆ *Abbildung farbig auf S. 159*

M 15 (L) Mögliche Verläufe eines Abschlussgottesdienstes

Version A

1. **Lied**: Eingang und Ausgang
2. **Begrüßung und Einstieg**
   Vor Weihnachten haben wir uns im Religionsunterricht mit zwei Brüdern beschäftigt, die nicht so gut miteinander auskamen!
   Schüler-Brainstorming
3. Jakobs **Rückenmassage**
4. **Lied**: Bewahre uns Gott, behüte uns Gott (EG 171)
5. **Jakob und Esau – Rückblick**
   Bilder liegen um den Altar
   Jede Gruppe sagt etwas zu ihrem Bild. Sie erzählen die Geschichte und was ihnen dazu wichtig ist.
6. Wie gehen wir **miteinander** in Zukunft um? Weiterstreiten oder was sollen wir tun?
7. **Lied**: Wie ein Fest nach langer Trauer (EG 660,1)
8. **Aktion: Wie sieht für dich Versöhnung aus?**
   Meditative Musik
   Jede/r erhält eine Kerze, zündet sie an, bringt sie nach vorne. Er/sie kann dazu einen Satz sagen, muss es aber nicht.
9. Vaterunser und **Segen (M 19) (L)**
10. **Lied**: Wie ein Fest nach langer Trauer (EG 660,2+3)

Version B

1. **Begrüßung und Wiederholung**
   Was bisher geschah ...
   Schüler erzählen den Anwesenden Erinnerungen aus der Jakobsgeschichte und von den Religionstagen
2. **Spielszene**: Erster Teil **(M 16)**
3. **Gruppenarbeit**: Wie geht die Geschichte weiter? **(M 16)**
4. **Lied**: Wie ein Fest nach langer Trauer (EG 660,1)
5. **Spielszene**: Zweiter Teil **(M 16)**
6. **Bibeltext** vorlesen
7. **Gespräch** über das Gesehene und Gehörte **(M 17) (L)**
8. Vaterunser und **Segen (M 19) (L)**
9. **Segenssprüche** austeilen **(M 18) (L)**
10. **Lied**: Wie ein Fest nach langer Trauer (EG 660,2+3)

M 16

Spielszene: Die Versöhnung

Übt die Spielszenen ein: Die Sprecher/innen lesen den Text, die Spieler/innen spielen parallel dazu, ohne zu sprechen.

Sprecher/innen: Bote
Jakob
Lea
Rahel
Esau
Sprecher (für die Anweisung)

Spieler/innen: Bote
Jakob
Lea
Rahel
Kinder
Esau

Szene 1: Jakob zieht Esau entgegen

Der Bote tritt auf. Er ruft mit der Hand am Mund:

Bote: Jaakob! Jaakob!

Jakob kommt mit Stock, hinkend.

Jakob: Mein Bote ist zurück! Hast du Esau gefunden? Was hat er gesagt? Wie geht es ihm?

Bote: Ja, ich habe ihn gesehen. Er kommt dir schon entgegen. Aber er hat 400 Männer bei sich. Sie sind alle bewaffnet, mit Pfeil und Bogen und Schleudern.

Jakob geht erschrocken einen Schritt zurück und schlägt die Hände vors Gesicht, ist ganz gebeugt. Der Bote geht ab. Jakob richtet sich wieder auf, den Kopf erhoben. Er hält die Hand an den Mund und ruft nach Lea und Rahel.

Jakob: Lea! Rahel!

Lea und Rahel treten auf.

Jakob: Hört zu. Esau hat mir wahrscheinlich nicht vergeben. Er ist immer noch böse auf mich und will sich rächen. Aber ich habe keine Angst. Ich habe mit Gott gekämpft – also kann ich auch Esau gegenübertreten.
Und ich weiß, dass Gottes Segen bei mir ist, auch heute. Wir werden jetzt Esau entgegengehen, alle miteinander.

Lea und Rahel: Aber die Kinder ...

Jakob: Auch die Kinder. Wenn Esau die ganze Familie sieht, hat er vielleicht Mitleid mit mir. Und außerdem: Gott wird uns alle retten. Kommt!

Alle ab.

Szene 2: Jakob und Esau begegnen sich

1. Teil

Jakob tritt auf. Er stützt sich auf seinen Stock, schaut suchend mit der Hand an der Stirn in die Ferne. Hinter ihm Lea und Rahel mit den Kindern. Esau erscheint auf der anderen Seite mit Pfeil und Bogen. Jakob nimmt die Hand von der Stirn.

Jakob: Esau!

Jakob geht einen kleinen Schritt vor und verneigt sich langsam sieben Mal zur Erde. Esau kommt auf Jakob zu …

Sprecher: Überlegt nun gemeinsam mit euren Sitznachbarn, wie die Handlung weitergehen könnte. Wie reagiert Esau? Wie Jakob? Tragt die Ergebnisse zusammen, ehe das Spiel fortgesetzt wird.
…
Nun singen wir gemeinsam die erste Strophe des Liedes »So ist Versöhnung«.

2. Teil

Esau geht Jakob entgegen und streckt ihm die Hand hin, zieht ihn hoch. Sie stehen da, reichen sich die Hände, sehen sich an.
Dann fallen sie sich um den Hals und umarmen sich. Sie küssen sich. Anschließend stehen sie wieder einander gegenüber, die Hände auf den Schultern des anderen.

Jakob: Kannst du mir verzeihen, Esau, dass ich dich um den Segen betrogen habe?

Esau: Jakob, das ist sooo lange her. Ich habe inzwischen mein eigenes Leben aufgebaut – so wie's mir gefällt. Und es geht mir gut. Ich bin Jäger geblieben und habe eine große Familie. Gott hat auch mich trotzdem gesegnet.
Was soll ich dir da noch alte Geschichten nachtragen? Ich bin so froh, dass du wieder da bist! – Aber wer ist das?

Esau zeigt auf Rahel, Lea, die Kinder.

Jakob: Das sind meine Frauen, Lea und Rahel, und meine Kinder. Mir geht es auch gut. Ich habe eine große Familie und ich bin reich geworden. Alle diese Schafe sind mein Geschenk für dich, um dich zu versöhnen!

Jakob zeigt nach vorne.
Esau wehrt mit den Händen ab.

Esau: Ich habe genug, ich bin selber reich. Behalte, was du hast.

Jakob: Aber nein! Wenn du vergibst, dann nimm auch mein Geschenk! Es soll ein Segensgeschenk sein, denn ich habe alles von Gott bekommen, und jetzt will ich den Segen mit dir teilen!

Esau nimmt es an.

Esau: Ich danke dir, Jakob! So viel Streit und Betrug und Wut – aber Gott hat es doch mit uns allen gut gemeint, und er will, dass wir uns versöhnen.

Beide umarmen sich wieder. Sie gehen zusammen. Sie haben sich viel zu erzählen. Man sieht die Körper von der Seite, die Münder bewegen sich. Jakob freut sich, dass Esau auch gesegnet wurde. Klopfen sich freundschaftlich auf die Schulter.

Dann sagt Jakob zu Esau:

Jakob: Ich will über den Jordan gehen. Dorthin, wo wir früher gewohnt haben. Und dann muss ich noch an den Ort gehen, wo ich von Gott geträumt habe. Ich habe damals versprochen, ihm dort einen Altar zu bauen.

Sie verabschieden sich.

Jakob geht. Er baut einen Altar und kniet nieder.

Jakob: Mein Gott, ich danke dir für deinen Segen für mich und für Esau!
Bleibe bei uns und unseren Familien. Amen.

M 17 (L) Auswertung der gesehenen Geschichte

Mögliche Impulse
- Was sagt ihr zum Ausgang der Geschichte?
- Überlegt: Was macht Vergeben schwer?
- Erinnert euch: Wann wurde euch schon einmal vergeben?
- Wem habt ihr schon einmal vergeben?
- Ist Gott gerecht? (vgl. Exkurs, **M 10** [L], S. 37)

M 18 (L) Segenszusagen aus der Bibel

Eine Auswahl der folgenden Segenszusagen aus der Bibel wird auf Zettel geschrieben und in Filmdöschen verpackt. Sie werden im Anschluss an Vaterunser und Segen ausgeteilt.

1. Mose 12,2: Ich will dich segnen und du sollst ein Segen sein.

Josua 1,9: Lass dich durch nichts erschrecken und verliere nie den Mut; denn ich, der Herr, dein Gott, bin bei dir, wohin du auch gehst!

Psalm 18,3: Der Herr ist mein Fels und meine Burg und mein Erretter, mein Gott, auf den ich mich verlasse.

Psalm 23,1: Der Herr ist mein Hirte; mir wird nichts mangeln.

Psalm 23,4: Und ob ich schon wanderte im finsteren Tal, fürchte ich kein Unglück, denn du bist bei mir.

Psalm 27,1 a: Der Herr ist mein Licht und mein Heil; vor wem sollte ich mich fürchten?

Psalm 46,2: Gott ist unsere Zuversicht und Stärke, eine Hilfe in den großen Nöten.

Psalm 50,15: Bitte mich um Hilfe, wenn du in Not bist! Ich werde dir helfen und du wirst mich preisen.

Psalm 91,11: Er hat seinen Engeln befohlen, dass sie dich behüten auf allen deinen Wegen.

Psalm 121,7: Der Herr behüte dich vor allem Übel, er behüte deine Seele.

Psalm 121,8: Der Herr behüte deinen Ausgang und Eingang von nun an bis in Ewigkeit.

Psalm 121,12: Meine Hilfe kommt von dem Herrn, der Himmel und Erde gemacht hat.

Psalm 145,18: Der Herr ist nahe allen, die ihn anrufen, allen die ihn ernstlich anrufen.

Jesaja 41,10: Gott sagt: Fürchte dich nicht, denn ich bin mit dir. Ich helfe dir. Ich halte dich bei meiner rechten Hand.

Jesaja 43,1: Fürchte dich nicht; denn ich habe dich erlöst; ich habe dich bei deinem Namen gerufen; du bist mein.

Matthäus 28,20: Ich bin bei euch alle Tage bis an das Ende der Welt.

Johannes 8,12: Jesus sagt: Ich bin das Licht der Welt. Wer mir nachfolgt, wird nicht wandeln in der Finsternis, sondern wird das Licht des Lebens haben.

Johannes 14,19: Ich lebe und ihr sollt auch leben.

Johannes 14,27: Den Frieden lasse ich euch, meinen Frieden gebe ich euch.

M 19 (L) Segen am Ende des Gottesdienstes

Wir bitten um den Segen. Bitte steht dazu auf. Der Segen nimmt die alte Tradition des Händeauflegens auf. Du erhältst während des Segens jeweils einen Hinweis, auf welche Körperregion du deine Hände auflegen sollst. Sprich dann die dazugehörigen Segensworte nach.

Berühre deine Augen ... und sprich:
Gott segne meine Augen, damit ich klar sehe.

Berühre deinen Mund ... und sprich:
Gott segne meinen Mund, damit ich die Sprache der Weisheit lerne.

Berühre deine Ohren ... und sprich:
Gott segne meine Ohren, damit ich höre, was meinen Nächsten bewegt.

Berühre deinen Bauch ... und sprich:
Gott segne meinen Bauch, damit ich Gefühle wahrnehme und zulasse.

Berühre dein Herz ... und sprich:
Gott segne mein Herz, damit ich offen bin für Weisheit, Frieden und Liebe.

So gehen wir in diesen Nachmittag als Gesegnete Gottes,
begleitet von seiner Güte,
erfüllt von seinem Frieden,
aufgebaut von seiner Liebe.
Amen

Modul 2

Das Buch Esther

Ansätze einer gendersensiblen Religionsdidaktik

Erarbeitet vom Projektteam »RU in der Pubertät«: Petra Conrad und Gert Scholz, Sandra Weiberle, Miriam Günderoth und Kurt Klöpfer sowie Manfred Schnitzler

1. Bezug zum Theorieband

An vielen Stellen unserer explorativen Studie ist deutlich geworden, wie wesentlich das Merkmal »Geschlecht« für die Einstellung zum Religionsunterricht ist:

- Schülerinnen haben in Klasse 7 eher eine kritische Haltung zum Religionsunterricht, zeigen sich ihm aber gegen Ende der 8. Klasse wieder verstärkt zugewandt.
- Jungen empfinden den Religionsunterricht im Vergleich zu Mädchen als lockerer, aber auch als langweiliger.
- Während Mädchen in Religion eher am »Nachdenken über den Glauben« interessiert sind, geht es Jungen stärker um die »Kenntnis anderer Religionen«.
- Jungen sind mit ihrem Aussehen deutlich zufriedener, von ihrer Sportlichkeit überzeugter oder eher geneigt, sich als attraktiv für das andere Geschlecht einzustufen; hier zeigen sich Mädchen wesentlich selbstkritischer.
- Schüler bevorzugen als Grundlage für eine Leistungsbeurteilung im Religionsunterricht stärker mündliche Noten, während Schülerinnen auch den Ordner bzw. ein Portfolio mit berücksichtigt sehen wollen.

All diese Ergebnisse legen es nahe, eine geschlechtsspezifische Religionsdidaktik gerade in der Pubertät anzustreben. Dabei geht es nicht einzig darum, eine etwaige Benachteiligung von Mädchen zu vermeiden, sondern vielmehr sollen die religionsdidaktischen Unterrichtsansätze beiden, Mädchen und Jungen, in ihrer Entwicklung zur Frau bzw. zum Mann gerecht werden.

Wenn es Aufgabe der Religionsdidaktik in der Sekundarstufe I ist, in der Pubertät gemeinsam Wege religiöser Bildung zu suchen und Lerninhalte und Lernwege altersgemäß dazu passen sollen, so kann dies nur in einem gendersensiblen Religionsunterricht gelingen.[1]

Das nachfolgende Modul stellt den Versuch einer Teamgruppe dar, diesem Anspruch in einer Unterrichtseinheit zum alttestamentlichen Buch Esther gerecht zu werden.

1 Die Darstellung zeigt, dass die Begrifflichkeit für den beschriebenen Sachverhalt in der Religionsdidaktik noch etwas changierend ist. Wir haben in der Überschrift den Terminus »gendersensibel« gewählt, weil er einerseits die gesellschaftliche Rollenzuweisung für Mädchen und Jungen betont, die vermutlich wesentlicher ist als die Differenzen durch das »natürliche« Geschlecht, und andererseits durch das Adjektiv »sensibel« herausgestellt, dass es um eine einfühlsame Wahrnehmung von Unterschieden durch die Lehrkraft geht, um Schülerinnen und Schülern im Religionsunterricht gerecht zu werden. »Übergreifendes Ziel muss eine religionspädagogische Praxis bzw. ein Religionsunterricht sein, der beiden Geschlechtern gerecht wird und der unangemessenen Bildern von Weiblichkeit ebenso entgegenwirkt wie verzerrten Männlichkeitsvorstellungen.« (F. Schweitzer, Religionspädagogik, Gütersloh 2006, S. 172).

2. Religionsdidaktische Einordnung des Moduls

Am Ende von Klasse 7 waren wir uns als Team nicht sicher, was wir den Schülerinnen und Schülern in Klasse 8 thematisch anbieten sollten. »Jakob« als biblischer Zugang zur Identitätsbildung in Klasse 7 (vgl. Modul 1) hatte sich durchaus bewährt. Sollten wir daran anknüpfen und nun eine »starke« Frau aus der Bibel in den Mittelpunkt stellen? Wenn ja, welche Frau?

Wir haben uns schließlich für Esther entschieden.

Würde es uns gelingen, die Dramatik dieser orientalisch geprägten Erzählung in die Moderne des 21. Jahrhunderts zu transferieren? Ist für viele Schülerinnen und Schüler vielleicht gerade die Fremdheit des Erzählten bzw. Gelesenen ein Anreiz, den beiden Frauen des biblischen Buches – Waschti und Esther – auf der Spur zu bleiben? Würden wir Möglichkeiten der kreativen Aneignung finden? Und vor allem: Wie könnten wir diese alte Geschichte mit den aktuellen Fragen eines gerechten Umgangs von Frauen und Männern verbinden?

Die vorliegenden Bausteine sind das Ergebnis unseres Unterrichtsprozesses mit zwei gemischten Realschulklassen in Bad Cannstatt im Schuljahr 2003/2004.

Um den religionspädagogischen Rahmen der Unterrichtseinheit wenigstens anzudeuten, sollen im Folgenden neueste Ansätze zum gendersensiblen Lernen im Religionsunterricht kurz dargestellt werden.

Bis in die 1990er Jahre hinein spielen in der Religionspädagogik geschlechtsspezifische Fragestellungen eine untergeordnete Rolle. Das zeigt sich besonders deutlich bei der Darstellung entwicklungspsychologischer Erkenntnisse. Sowohl in Fowlers Standardwerk zur Entwicklung von Religiosität[2] als auch in Schweitzers »Lebensgeschichte und Religion. Religiöse Entwicklung und Erziehung im Kindes- und Jugendalter«[3] wird kaum eine Differenzierung von männlicher und weiblicher Entwicklung vorgenommen. Fowler weist erst im neu geschriebenen Vorwort der deutschen Ausgabe[4] darauf hin, dass sich der Übergang von der 3. Stufe (synthetisch-konventioneller Glaube) zur 4. Stufe (individuierend-reflektierender Glaube) für Jungen und Mädchen anders vollzieht. Er vermutet, dass dieser Übergang für Jungen stärker mit Individualisierung und Autonomie einhergehe, während Mädchen an dieser Stelle stärker den Aspekt der Verbundenheit und Beziehung ausbildeten. Aber vor allem die höchste Stufe der Glaubensentwicklung (universalisierender Glaube) ist bei Fowler nach wie vor ausschließlich männlich gedacht.

Was lässt sich dennoch im Blick auf einen Religionsunterricht sagen, der sich bemüht, Mädchen und Jungen gleichermaßen gerecht zu werden?

Am dichtesten ist die Forschungslage im Blick auf die Frage nach einem differenzierten Gottesbild. Jungen sind stärker fasziniert durch die Größe und Allmacht Gottes, während es Mädchen mehr darum geht, eine vertrauensvolle Beziehung zu Gott aufzubauen. Mit Verweis auf die empirischen Studien im Kindes- und Jugendalter bei Hyde (1990) fasst Schweitzer zusammen: »Eine ganze Reihe von Studien weist darauf hin, dass für das Gottesverständnis von Mädchen und Frauen nicht etwa die göttliche Allmacht und Größe zentral ist, sondern die Beziehung zu Gott. Ähnlich betonen die Mädchen auch bei der Beziehung zu Jesus die persönliche Beziehung, während Jungen in ihm eher den Lehrer sehen.«[5]

Wie könnte diese Differenz im Gottesbild erklärt werden? Ein möglicher und schon in den 30er Jahren des 20. Jahrhunderts angedachter Ansatz sind psychoanalytische Beobachtungen zum unterschiedlichen Aufwachsen von Jungen und Mädchen.

---

2 J. Fowler, Stages of Faith. The Psychology of Human Development and the Quest for Meaning, San Francisco 1981.

3 1. Auflage, München 1987. Allerdings ist in der überarbeiteten 4. Auflage (Gütersloh 1999) ein Kapitel zur religiösen Entwicklung und Sozialisation von Mädchen und Frauen eingefügt (S. 186–198).

4 J. Fowler, Stufen des Glaubens. Die Psychologie der menschlichen Entwicklung und die Suche nach Sinn Gütersloh 1991, S. 19.

5 F. Schweitzer, Lebensgeschichte und Religion, Gütersloh ^{4}1999, S. 189.

»In allen drei für die religiöse Entwicklung hervorgehobenen Phasen kann bzw. muss die psychosoziale Entwicklung in geschlechtsspezifisch verschiedener Weise beschrieben werden: Die frühkindliche Entwicklung von Mädchen stehe im Zeichen einer längeren Einheitserfahrung mit der Mutter, während sich die Jungen schon früh als getrenntes Gegenüber erfahren. Die ödipale Zeit verlaufe bei den Jungen krisenhafter – vor allem mit der Folge einer nachhaltigeren Verdrängung der ödipalen Bestrebungen. Aufgrund der unterschiedlichen präödipalen und ödipalen Erfahrungen werde auch die Adoleszenz von Jungen und Mädchen mit ungleichen Voraussetzungen erreicht. Durchweg spiele die Beziehung zur Mutter für Mädchen eine weit größere Rolle als für Jungen, was dann in der Adoleszenz zu entsprechenden Ablösungsproblemen führe. Schließlich kommt dazu die Identitätsbildung selbst, die ja stets die Identität als Mann und Frau betrifft. ... Es wäre jedenfalls plausibel, die – den vorliegenden Daten zufolge bei Mädchen u.a. beim Gottesbild stärker ausgeprägte – Beziehungsthematik auf das für die weibliche Entwicklung bestimmende Verhältnis zur Mutter zurückzuführen.«[6]

Ob dieser psychoanalytische Deutungsansatz wirklich trägt, kann bezweifelt werden, aber immerhin ist es ein erster Erklärungsversuch. Denkbar ist schon, dass das Gottesbild eine Art Idealbild der Mutter bzw. des Vaters darstellt und Mädchen sich stärker mit der beziehungsorientierten Mutter, Jungen dagegen stärker mit dem machtorientierten Vater identifizieren.

Fragt man Mädchen, ob Gott (auch) eine Frau sei, zeigt sich ein erstaunliches Bild: Während nicht religiös sozialisierte Mädchen dies unbefangen in Betracht ziehen, kommen religiös sozialisierte in einen inneren Zwiespalt. Zum einen wäre es für sie identifikationsstiftend, Gott (auch) so verstehen zu können, zum anderen werden von ihren Umfeld solche Gedanken eher negativ sanktioniert, so dass sie zum Verschweigen neigen und früher oder später eine Denksperre ausbilden. Hier wäre es religionsdidaktisch geboten, das Gottesbild dynamisch offen zu halten und nicht anthropomorphistisch zu verengen[7].

Alle neueren empirischen Untersuchungen zeigen einerseits, dass Religiosität und besonders Kirchlichkeit bei Jugendlichen an Bedeutung verliert. So besuchten nach der Shell Jugendstudie 2000 in Deutschland (West) 1984 noch 27 % der Jugendliche mindestens einmal im Monat den Gottesdienst, 1991 waren es 22 % und 1999 lediglich 16 %. Für Deutschland (Ost) sind die Werte noch erschreckender: 1991: 21 % und 1999: 11 %![8]

Gleichzeitig ist aber das Interesse der Mädchen und Frauen (noch) auf einem deutlich höheren Niveau: So glauben 32 % der männlichen (evangelischen) Jugendlichen an ein Weiterleben nach dem Tod, und 22 % beten. Bei den weiblichen Jugendlichen sind es jedoch 43 % (+ 11 %) bzw. 34 % (+ 12 %).[9] Dass Mädchen/Frauen ein (schwach) stärkeres Interesse an Glauben und Kirche haben, zeigt sich in allen Teilgruppen der Untersuchung. Obwohl die Absicht, die eigenen Kinder religiös zu erziehen, in allen Teilgruppen hoch ist, z.B. 36 % der evangelischen und 44 % der katholischen jungen Männer, ist wiederum bei den jungen Frauen eine Steigerung zu beobachten: 43 % (+ 7 %) bei den evangelischen und 53 % (+ 9 %) bei den katholischen jungen Frauen.

»Offensichtlich markiert die Bereitschaft zur religiösen Kindererziehung einen vergleichsweise starken gesellschaftlichen Konsens, eine Konvention, der man nachkommt, auch wenn man in der eigenen religiösen Praxis zurückhaltend ist. Der religionswissenschaftliche Topos vom Auseinandertreten von konventioneller und privater Religiosität ließe sich damit erneut bestätigen.«[10]

Für den Religionsunterricht ist einschränkend zu bedenken, dass die geschlechtsspezi-

---

6 Schweitzer, a.a.O., S. 192.

7 Vgl. F. Schweitzer u.a., Religionsunterricht und Entwicklungspsychologie, Gütersloh 1995, S. 137–139: Warum kann Gott keine Frau sein? Weibliche Gottesbilder im Unterricht.

8 Jugend 2000. Die 13. Shell Jugendstudie, Opladen 2000, Bd. 1, S. 162.

9 Jugend 2000, a.a.O., S. 158.

10 R. Münchmeier, Jugend und Religion, in: Chr. Wulf / H. Macha / E. Liebau (Hg.), Formen des Religiösen, Weinheim/Basel 2004, S. 131.

fischen Unterschiede nicht so deutlich sind, so dass »Geschlecht« zwar ein relevantes, nicht aber ein ausschlaggebendes Kriterium für die Einstellung der Jugendlichen ist. »Die Schülerinnen definieren sich als geringfügig religiöser als die Schüler; auch stimmen sie den vorgelegten christlichen Glaubensinhalten mehr zu und erklären eine höhere Bereitschaft, Kinder religiös zu erziehen (40 % versus 33 %).«[11]

Entscheidendes Kriterium ist allerdings das Alter der Heranwachsenden. So stufen sich noch 70 % der 10- bis 11-Jährigen selbst als »gläubig« ein, während sich nur noch 50 % der jungen Erwachsenen mit 18 und älter als »gläubig« bezeichnen.

»Der altersgemäße Rückgang ist ... bei allen Items hoch signifikant, auch bei der Bereitschaft zur religiösen Erziehung der eigenen Kinder: Sie sinkt von 50 % auf 24 %.«[12]

Für die Gestaltung des Religionsunterrichts heißt dies, dass über die Grundschule bis hin zur Sekundarstufe II mit einer zunehmenden inneren Distanz zu religiösen Themen zu rechnen ist, sowohl bei den jungen Männern als auch bei den jungen Frauen. Die Entfremdung von Glaube und Religion ist damit keineswegs nur eine pubertäre Episode, sondern setzt sich bis weit in die Adoleszenz hinein fort.

Neben den Gottesbildern und der grundsätzlichen Aufgeschlossenheit für Religion lassen sich noch drei weitere geschlechtsspezifische Differenzbeobachtungen anfügen:

a) Ein unterschiedliches Gerechtigkeitsverständnis
Mädchen haben eher ein personenbezogenes, den Kontext berücksichtigendes und somit empathisches Gerechtigkeitsverständnis. Bei Jungen hingegen hat Gerechtigkeit entscheidend mit gleichmäßiger Verteilung zu tun. Ein eher relatives steht einem absoluten Gerechtigkeitsverständnis gegenüber.[13]

b) Verschieden ausgeprägte Möglichkeiten, metaphorisches Reden zu verstehen
Der in den anderen Fächern schon konstatierte Entwicklungsvorsprung für die Mädchen zeigt sich besonders einschneidend im Verständnis für metaphorisches Reden. Religiöse Sprache ist maßgeblich davon geprägt. Insofern ist Mädchen früher ein tieferer Zugang zu biblischen Texten möglich als Jungen.

c) Eine differente Gebetsauffassung
Schließlich ist Mädchen im Gebet das Gespräch mit Gott als Beziehungspflege zentral, während Jungen sich eher in Form von Bittgebeten von Gott etwas wünschen. Der Unterschied im Gebetsverständnis korreliert mit dem Gottesbild: Mit einem Freund spreche ich, von einem Vorgesetzten kann ich etwas erbitten.

Wie könnte nun ein Religionsunterricht aussehen, der sich darum bemüht, dem gendersensiblen Lernen gerecht zu werden? Renate Hofmann nennt in ihrer Dissertation vier Aspekte:
- Rezeptionsästhetik,
- inklusive Sprache,
- soziales Lernen und
- »doing gender«.[14]

Das Verständnis eines Textes – auch eines biblischen (!) – ist nicht zuletzt vom Geschlecht des Rezipienten abhängig. Diese *rezeptionsästhetische* Erkenntnis hat zur Folge, dass Mädchen und Frauen mitunter (biblische) Texte anders lesen als Jungen und Männer.[15] Trotz patriarchalischer Tradition lassen sich sowohl in der Bibel als auch in der Kirchengeschichte beeindruckende Frauenbilder finden. Sie sollten gleichrangig berücksichtigt werden, damit auch Mädchen im Religionsunterricht Identifikationsangebote vorgestellt werden.

Die geschlechtsspezifische Anrede der Schülerinnen und Schüler in Arbeitsanweisungen oder den Aufgaben der Schulbücher

11 A. Bucher, Religionsunterricht zwischen Lernfach und Lebenshilfe, Stuttgart ^{3}2001 (2000), S. 131.
12 Bucher, a.a.O., S. 132.
13 Vgl. F. Schweitzer u.a., Religionsunterricht und Entwicklungspsychologie, S. 140–142.
14 R. Hofmann, Geschlechtergerechte Sozialisation im Religionsunterricht, Niebüll 2001, S. 308–310.
15 Das hat S. Arzt überzeugend am Beispiel von Esther 1 aufgezeigt: Frauenwiderstand macht Mädchen Mut. Die geschlechtsspezifische Rezeption einer biblischen Erzählung, Innsbruck/Wien 1999.

mag als Äußerlichkeit erscheinen. Dennoch setzt eine beide Geschlechter bewusst einschließende Formulierung Signale. *Inklusive Sprache* bringt bewusst integratives Denken zum Ausdruck.

Soziales Lernen im Religionsunterricht unter der Genderperspektive will nicht einer Uniformität das Wort reden. Männer und Frauen sind nicht gleichartig! Aber: Männer und Frauen sind sehr wohl gleichwertig. Das gilt auch in religiöser Sicht: »Es gibt nicht ... Mann und Frau, denn ihr seid alle einer in Christus.« (Galater 3,28). Deshalb müssen Lehrerinnen und Lehrer jedem Ansatz von sexistischer Diffamierung sanktionierend entgegentreten. Der Religionsunterricht kann darüber hinaus deutlich machen, dass Geschlecht weder eine naturhaft eindeutige noch eine unveränderbare Kategorie ist.

»*Doing gender*« schließlich macht die in der Klasse dennoch vorhandenen geschlechtsspezifischen Unterschiede sichtbar. Dies gelingt durch Phasen des geschlechtergetrennten Unterrichts, dem dann gemeinsame Phasen folgen, in denen die unterschiedlichen Sichtweisen diskutiert und abgeglichen werden können. Vielleicht wird es so möglich, nicht gegenseitig Defizite zu behaupten, sondern miteinander Differenzen wahrzunehmen.

Bei allem Bemühen um gendersensiblen Lernen im (Religions-)Unterricht müssen auch die Grenzen dieses Ansatzes klar sein.[16] Andere Sozialisationsinstanzen wie Familie, Peergroup oder Medien können den Versuch eines geschlechtergerechten Umgangs relativieren oder konterkarieren, aber es kann auch der umgekehrte Effekt einsetzen, dass positive Erfahrungen des Umgangs miteinander aus dem schulischen Kontext in die anderen Lebensbereiche ausstrahlen und dann scheinbar Selbstverständliches in Frage zu stellen vermögen.

Fazit: Insgesamt kann als gesichert gelten, dass Mädchen – über alle Fächer hinweg betrachtet – schulisch weit erfolgreicher sind. Mädchen sind überproportional in den »höheren« Schularten vertreten. Im Schuljahr 2002/03 gab es bundesweit z.B. 101 253 Schülerinnen (42,5 %) mit Hauptschulabschluss (dagegen 136 640 Schüler), jedoch 126 546 Schülerinnen (56,7 %) mit allgemeiner Hochschulreife (dagegen 96 708 Schüler)[17]. Trotz dieser ungleichen Verteilung sind die Mädchen auch innerhalb der einzelnen Schularten in der Regel die Erfolgreicheren, so dass der Spiegel provozierend titelt: »Schlaue Mädchen – dumme Jungen. Sieger und Verlierer in der Schule«[18]. Die Tendenz geht dahin, zu fragen, wie den »angeknacksten Helden« geholfen werden kann – mit dem Spitzensatz: »Jungenförderung ist kein Rückschlag. Schließlich müssen die Mädchen mit ihnen leben.«[19]

Diese grundsätzlich im Schulalltag zu machenden Beobachtungen geschlechtsspezifischer Differenzen verschärfen sich in der Phase der Pubertät, so dass gerade in den entsprechenden Klassen der Sekundarstufe I auf gendersensibles Lernen zu achten ist, um möglichst beiden – Mädchen und Jungen – gerecht zu werden.

Literaturhinweise

1. Esther

Büttner, G. / Maier, J.: Maria aus Magdala – Ester – Debora (calwer materialien), Stuttgart 1994, S. 51–76

Arzt, S.: Frauenwiderstand macht Mädchen stark. Die geschlechtsspezifische Rezeption einer biblischen Erzählung, Innsbruck/Wien 1999: in Religion 8/2003, Frauen in der Bibel (bes. S. 19–23)

Bösenecker, J.: Esther – Frauenschicksal und Männerherrschaft. In: Hübener, B. / Orth, G. / Wehnert, J. (Hg.): Gestalten des Lebens. 24 Männer und Frauen des Alten und Neuen Testaments, Stuttgart 2010, S. 112–119

2. Gender und Schule

Pädagogik 9/1994: Koedukation bewusst gestalten

Deutsches PISA-Konsortium (Hg.), PISA 2000, Opladen 2001; bes. P. Stanat / M. Kunter, Geschlechterunterschiede in Basiskompetenzen (S. 249–269)

Pädagogik 5/1999: Jungen und Männer in der Schule

Kansteiner-Schänzlin, K.: Personalführung in der Schule. Übereinstimmungen und Unterschiede zwischen Frauen und Männern in der Schulleitung, Bad Heilbrunn 2002

Lehren und Lernen 4/2003: Gender Mainstreaming

Lehrern und Lernen 1/2004: Qualitätsentwicklung und geschlechtsspezifische Ansätze

Der Spiegel 21/2004: Schlaue Mädchen – Dumme Jungen. Sieger und Verlierer in der Schule, S. 82–95

16 Vgl. Hofmann, a.a.O., S. 310–313.

17 Zahlen aus: Spiegel 21/2004, S. 84.

18 A.a.O., S. 82–95.

19 A.a.O., S. 90.

Vgl. auch: www.ms.sachsen-anhalt.de/Gender Mainstreaming

3. Gendersensibles Lernen im Religionsunterricht

PITHAN, A.: Religionsbücher geschlechtsspezifisch betrachtet, in: EvErz 45 (1993), S. 421–435

SCHWEITZER, F. u.a.: Religionsunterricht und Entwicklungspsychologie; bes. ... und die Mädchen? Ansätze zu einer geschlechtsbezogenen Unterrichtsanalyse, Gütersloh 1995, S. 133–143

WUCKELT, A.: Gender als Konzept religionspädagogischen Handelns, in: KatBl 123 (1998), S. 370–373

SCHWEITZER, F.: Lebensgeschichte und Religion; bes.: Religiöse Entwicklung und Sozialisation von Mädchen und Frauen, Gütersloh [4]1999 (1987), S. 186–198

PITHAN, A. u.a.: (Hg.), Geschlecht – Religion – Bildung, Münster 1999, S. 9–20

KOHLER-SPIEGEL, H.: Mädchen im Mittelpunkt. Feministische Mädchenarbeit und Religionspädagogik, in: RpB 43 (1999), S. 41–53

AHRENS, S. / PITHAN, A. (Hg.): KU – weil ich ein Mädchen bin, Gütersloh 1999

KLEIN, S.: Gottesbilder von Mädchen, Stuttgart u.a. 2000

HOFMANN, R.: Geschlechtergerechte Sozialisation im Religionsunterricht, Niebüll 2001

KNAUTH, T. / BRÄSEN, F. / LANGBEIN, E. / SCHROEDER, J.: KU – weil ich ein Junge bin, Gütersloh 2002

NAURATH, E.: Religionspädagogik und Gender-Perspektive, in: G. Lämmermann / E. Naurath / U. Pohl-Patalong, Arbeitsbuch Religionspädagogik, Gütersloh 2005, S. 95–100

EDELBROCK, A.: Mädchenbildung und Religion in Kaiserreich und Weimarer Republik, Neukirchen-Vluyn 2006

3. Perspektiven der Thematik nach den sieben Dimensionen des Bildungsplans 2004 (BW) für Evangelische Religionslehre

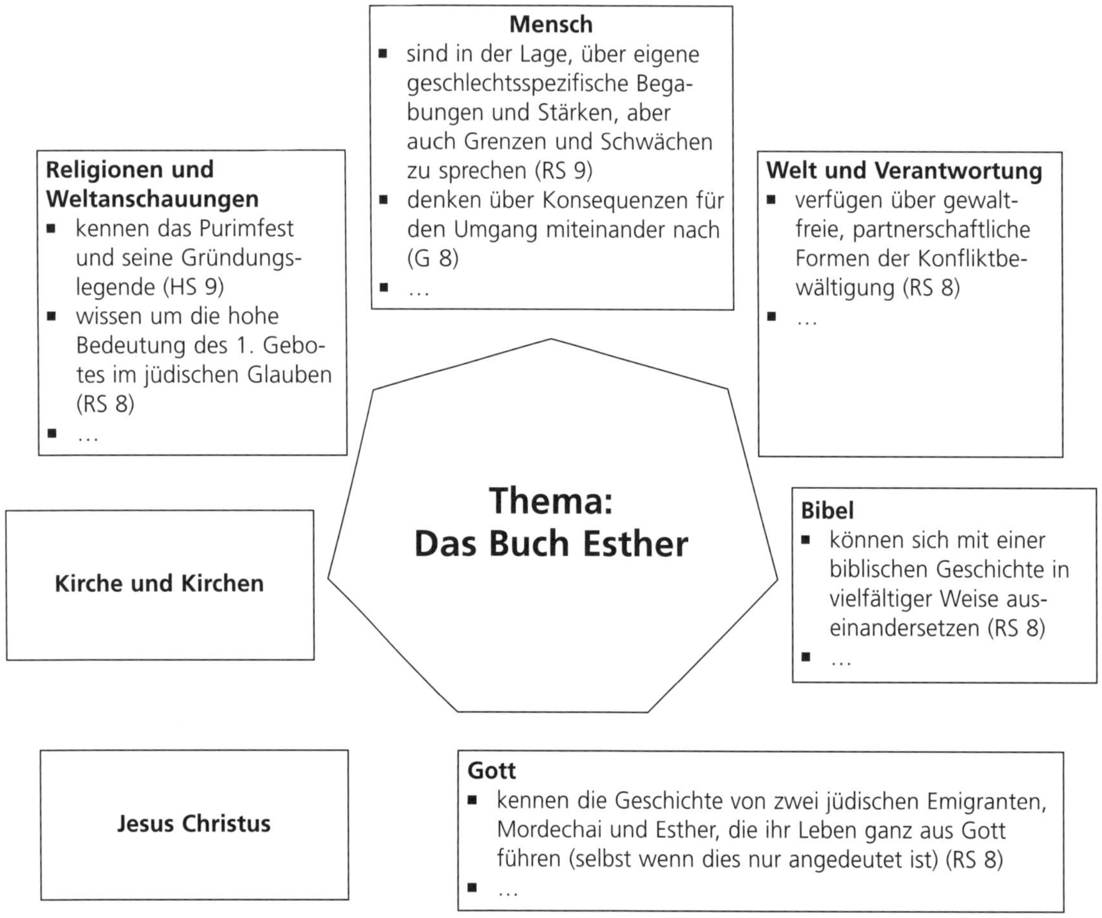

4. Die Bausteine[20]

Übersicht

☐ **Baustein 1: Frauen- und Männerbilder heute** (Variante 1) (zum Teil in geschlechtsspezifischen Gruppen)	ca. 4 Std.	**M 1–6**	
Baustein 2 bis 6: Ein Unterrichtsgang durch das Buch Esther			
☐ **Baustein 2: Eine Pracht wie aus 1001 Nacht** Einführung in das Leben im persischen Königshaus in Susa	ca. 2 Std.	**M 7–9**	*zu Esther 1–10:* ***M 11b (L)***
☐ **Baustein 3: Waschti und Esther (Esther 1; 2)** Zwei Frauen und wie sie auf Ungerechtigkeit reagieren	ca. 4 Std.	**M 10**	
☐ **Baustein 4: Haman und Mordechai (Esther 3)** Zwei Männer und wie sie um Macht streiten	ca. 2 Std.		
☐ **Baustein 5: Esther wird mutig und erweist sich als klug (Esther 4–6)**	ca. 4 Std.	**M 11**	
☐ **Baustein 6: Ein Fest der Befreiung feiern: Purim (Esther 7–10)** (vgl. U-Entwurf S. 60 f und M 9–11;), evtl. Planung eines gemeinsamen Festes	ca. 4 Std.		
Baustein 7 oder 8: Frauen- und Männerbilder heute (Variante 2)			
☐ **Baustein 7: Besuch einer Einrichtung der Frauenarbeit** bzw. Einladung eines Experten/einer Expertin in den Unterricht	ca. 2 Std.		
☐ **Baustein 8: Gemeinsam geht es besser!** Kooperationsspiele erfahren und auswerten (am besten als Kompaktveranstaltung außerhalb der Schule)	ca. 4 Std.	**M 12** und **M 13**	
Klassenarbeiten (M 14)			

20 Der Stundenbedarf für die hier skizzierten Bausteine überschreitet den Umfang einer normalen Unterrichtseinheit (12–14 Stunden) weit. Deshalb wird in der Regel eine Auswahl sinnvoll sein. Zwei Vorschläge – je nach didaktischer Akzentsetzung – wollen wir andeuten:
a) Frauen und Männer einst und heute – Bausteine 1, 2, 3 und 7 oder 8
b) Lektüre der biblischen Ganzschrift Esther – Bausteine 1 sowie 3–6.

Die Bausteine im Einzelnen

◘ BAUSTEIN 1: Frauen- und Männerbilder heute (Variante 1; ca. 4 Std.)

Die Schülerinnen und Schüler nehmen ihre unterschiedlichen Vorstellungen von Frausein und Mannsein wahr, diskutieren sie und gewinnen eine klarere geschlechtsspezifische Rollenidentität.

▶ Anknüpfung

Wahlpflichtbereich in Klasse 7: Mensch und Umwelt (MUM), Natur und Technik (NuT) oder Französisch?
- Frage: Wer von euch hat welches Wahlpflichtfach und warum?
- Dazu statistische Angaben zum Wahlverhalten an den Realschulen in Baden-Württemberg im Schuljahr 2007/08 (Quelle: Statistisches Monatsheft Baden-Württemberg 5/2008, 21): »Mädchen und Jungen wählen bei den Wahlpflichtfächern eher ›klassisch‹«:
  a) Schülerinnen: 58 % MUM, 34 % Französisch und (nur) 8 % NuT;
  b) Schüler: 71 % NuT, 17 % Französisch und (nur) 12 % MUM
- Diskussion: Warum sind die Vorlieben statistisch so eindeutig verteilt?

Alternativ
- Karikatur (z.B. »Ein Mädchen tut so was nicht!« von Marie Marcks, **M 1**)
  Sprechblase abdecken: Was könnte der Junge dem Mädchen sagen?
  Vergleich mit dem Originalzitat in der Karikatur
  Was »tun« Mädchen? Was »tun« Jungen? → Artikulation der Rollenklischees
- Männer- und Frauenbild in der Literatur (**M 2** Schiller: Das Lied von der Glocke) und in modernen Songs – ein Vergleich. Vorschläge für Songtexte: Herbert Grönemeyer »Männer«, http://artists.letssingit.com/herbert-groenemeyer-maenner-zb6p5s9; Ina Deter, Frauen kommen langsam – aber gewaltig, www.asklyrics.com/display/Ina_Deter/Frauen_Kommen_Langsam_-_Aber_Gewaltig_Lyrics/21350.htm
- Wie man über Frauen in der Antike dachte (Sprüche zunächst ohne Zeitangabe!, **M 3**)
- Mitschnitt von Fernseh-Werbespots/Suche von Werbeanzeigen in Zeitschriften zum Frauen- bzw. Männerbild in der Werbung (Welche Spots/Anzeigen verstärken die typischen Rollenerwartungen an einen Mann/an eine Frau? Welche Spots/Anzeigen stehen im Widerspruch dazu und warum? Evtl. auch als Hausaufgabe.)

▶ Geschlechtsspezifische Annäherung an das eigene Rollenverständnis

Beispiel: Mädchen (parallel machen die Jungen in einem anderen Raum den adäquaten Durchgang)

✐ Material
Bildkartei mit Frauen- bzw. Männerbildern, Plakatpapier mit drei Spalten und Stifte:
- »So will ich als Frau sein!« (1. Spalte des Plakats)
- »So nehmen wir die Jungen in unserer Klasse wahr!« (2. Spalte)
- »So sollte mein Traum-Partner sein!« (3. Spalte)

Jede Schülerin sucht sich aus der Bildkartei eine Frau aus, die sie besonders »ansprechend«/für sich persönlich »attraktiv« findet.
Gegenseitige Vorstellung der ausgewählten Frauenbilder.

Alternativ
(Mädchen und Jungen gemeinsam):
- Fragebogen zum rollenspezifischen Verhalten von Frauen und Männern (**M 4**)

- Die Umrisszeichnung eines Kopfes liegt in der Mitte eines Stuhlkreises.
  Impuls: Meine Zukunftsträume/-pläne: »So will ich als Frau/Mann mit 40 sein!«
  Die Schülerinnen und Schüler denken nach und tragen ihre Vorstellungen ein; evtl. als Schreibgespräch durchführen
- Interviews in der Stadt: Was ist für Sie typisch »männlich«? Was ist typisch »weiblich«? (evtl. Kassette mit ins Portfolio legen)

Hausaufgabe: Bildmaterial für Collage mitbringen (Männer und Frauen in Zeitschriften)

▶ Vorstellung und Diskussion der Plakate

Mögliche weitere Diskussionsimpulse: Umfrageergebnisse (**M 5**)
Thesen zur Mädchen- bzw. Jungensozialisation (**M 6**)

▶ Mögliche geschlechtsspezifische Vertiefung

Vorsicht: Je kleiner die Gruppe desto eher wird ein ehrliches und offenes Gespräch möglich. Gerade Jungen sind in der Gefahr, aus Unsicherheit ins »Zotige« auszuweichen. Die Lehrperson versucht abzuschätzen, inwiefern es zu Überforderungen kommen könnte. Dabei sollten am Schluss die Jungen mit ihrer »Unreife« nicht am Pranger stehen.
Die Form der indirekten Kommunikation könnte helfen, ernsthafter zu fragen bzw. zu antworten. Ggf. sollte die Lehrkraft nur durch eine Auswahl geeignet erscheinender Fragen weiterleiten.
- Die Mädchen formulieren in kleinen Gruppen (z.B. 3 x 5) aufgrund der Vorstellung und Diskussion fünf Fragen an eine Jungengruppe (und umgekehrt).
- Sie beantworten die Fragen einer Jungengruppe.
- Eine Kleingruppe Mädchen und eine Kleingruppe Jungen: Die Mädchen- und die Jungengruppe stellen sich ihre Antworten gegenseitig vor.
- Ggf. vertiefende Diskussion

▶ Biblischer Bezug: Frau und Mann in der Bibel

Elohistische Fassung der Schöpfungsgeschichte (1. Mose 1, bes. V. 27 f): Gott schuf den Menschen als Mann und Frau
- Stellung des Menschen in der Schöpfung insgesamt
- Problematisierung: Was heißt »unterwerfen« bzw. »herrschen«?
- Das gleichwertige Nebeneinander von Mann und Frau

Alternativ:
Jahwistische Fassung (1. Mose 2,4–25): Die Frau ist das (einzige) dem Mann »entsprechende« Gegenüber der Schöpfung
- Das Textganze der Schöpfungserzählung wahrnehmen

Aufgaben:
✘ Setze am Rand des Bibeltextes jeweils mindestens einmal folgende Zeichen[21]:
  ! ist mir wichtig
  ? ist mir unklar
  ↔ hier bin ich anderer Meinung
✘ Was sagt der Text über das Verhältnis von Mann und Frau aus?
  Unterstreiche den deiner Meinung nach wichtigsten Vers.

21 Vgl. Modul 1, S. 21.

▶ Kreative Umsetzung

- DIN A3-Blätter mit menschlicher Umrisszeichnung
- eine Collage aus Frauen und Männern anfertigen
- den biblischen Leitvers einbauen: 1. Mose 1,27 (oder 2,18) (Portfolio[22])

Differenzierung: Sollten einige schneller fertig sein, kann auf einem großen Zeichenpapier der Umriss einer Schülerin/eines Schülers gezeichnet werden und diese Umrisszeichnung ebenfalls mit dem restlichen Bildmaterial gestaltet werden. Diese Collage kann dann zusammen mit den beiden Plakaten zu den Rollenvorstellungen als optischer Bezugspunkt während der gesamten Unterrichtseinheit im Klassenzimmer hängen.

▶ Erstes Fazit für das Verhältnis Mädchen – Jungen in der Klasse

»So wollen wir den Umgang miteinander verbessern!«
- Formuliert in gemischten Kleingruppen drei realistische Regeln.
- Diskussion der verschiedenen Formulierungen
- Einigung auf ein Minimum von drei Regeln, die in der Klasse aufgehängt und am Ende der Unterrichtseinheit nochmals auf ihre Stichhaltigkeit und Umsetzbarkeit hin überprüft werden.

◘ BAUSTEIN 2: Eine Pracht wie aus 1001 Nacht. Einführung in das Leben im persischen Königshaus in Susa (ca. 2 Std.)

Die Schülerinnen und Schüler fühlen sich in eine ihnen fremde Welt ein und setzen die faszinierende Buntheit, die ihnen begegnet, kreativ um. Dabei nähern sie sich dem zeitgeschichtlichen Kontext des Esther-Buches an, im Besonderen dem Leben im persischen Königspalast zu Susa.

▶ Anknüpfung

Auszug aus dem historischen Roman »Der Medicus« von Noah Gordon[23]

- Kurze Einführung in den Roman
  Zeit: um 1050
  Ort: Isfahan
  Personen: Schah Ala-al-Dawla
  Rotun ben Nasr, General in der Armee des Schahs und Gastgeber des Festes, sowie Rob Cole, Badechirurg aus England, der in der berühmten medizinischen Hochschule in Isfahan von Ibn Sina, einem der berühmtesten Ärzte des Mittelalters, ausgebildet werden möchte.

- Lehrer/in liest einen Auszug aus »Der Medicus« von Noah Gordon: »Die Belustigung des Schahs«, S. 345–357 (ggf. kürzen, z.B. erst ab S. 349). Durch eine gemütliche »orientalische« Atmosphäre kann das Zuhören deutlich verbessert werden, z.B. Sitzkissen mitbringen lassen, auf dem Boden liegen; evtl. Augen schließen und innere Bilder entstehen lassen; den Schülern erschließen sich unbekannte Wörter zunächst aus dem Kontext und werden erst nach dem Vorlesen erklärt.

---

22 Nähere Erläuterungen zur Arbeit mit einem Portfolio finden sich im fünften Modul »Basics des Glaubens – Lernen durch Lehren im Religionsunterricht«, S. 159.

23 N. Gordon, Der Medicus, Goldmann Verlag, München 1997.

- Rückfragen: z.B.
  kelonter: militärisches Gericht
  carcan: Block, in dem Gefangene eingesperrt werden
  mullah: islamischer Geistlicher
  matula: Uringlas
  ravi zemin: eine Demutsgeste
  Shahansha: »König der Könige« = Schah
  pilaw: persisches Reisgericht
  maristan: Krankenhaus

- Beschreibe den Schah auf diesem Fest mit Adjektiven, z.B.: mutig, geschickt, schlicht gekleidet, gelangweilt, zufrieden, machtbesessen, genießerisch, schwelgend, aggressiv, maßlos.
- Was macht dieser Romanauszug über das Verhältnis von Männer und Frauen im Perserreich um das Jahr 1000 nach Christus deutlich? (**M 7**)
- Mögliche Vertiefung: Übertriebener Luxus oder faszinierende Prachtentfaltung? Der Schah – ein allmächtiger Herrscher = Gott?

▶ Kreativaufgabe

- Leben an einem orientalischen Königshof
  Diese Folie zeigt eine archäologische Fundstätte im heutigen Iran. Auf was für einen Gebäudekomplex könnten die Ausgrabungen hier gestoßen sein?
  »Der Palast des Darius von Susa« (OHP-Folie, **M 8**)

- Die Schüler/innen erhalten einen Ausschnitt der Palastanlage und sollen die Skizze (**M 8**, Blatt auf DIN A3 hochkopieren) zur Anlage nach eigenen Vorstellungen vervollständigen: zeichnen, malen, Teilansicht herausgreifen u.a.m. Oder: Ausgestaltung des Thronsaals von König Darius mit Gold-, Transparent- und Krepp-Papier (Portfolio). Wichtig: den Schülerinnen und Schülern beim fantasievollen Ausgestalten Zeit lassen, dann sind sie danach auch stolz auf »ihren« Palast.

▶ In eine fremde Welt eintauchen: einen Filmausschnitt zum Perserreich anschauen

Damit ergibt sich ein fächerübergreifender Aspekt: In Geschichte Klasse 7 werden die frühen Hochkulturen meist nur am Beispiel Ägypten behandelt, so dass hier im Religionsunterricht eine Erweiterung des geschichtlichen Wissens erfolgen könnte.

▶ Die Bibel: Esther (DVD Ornella Muti / Jürgen Prochnow: »Die Bibel: Esther«,
86 Min., 1998 Kinowelt 500889; alternativ: EMZ: VS 2109 Esther)

Es bietet sich das zweite Kapitel der DVD »Verdammung der Juden« als Einstieg ins Buch Esther an.
Achtung: Es findet ein erneuter Zeitsprung statt: 1000 n. Chr. → 500 v. Chr.
- Die Verfilmung zum Buch Esther soll als fortlaufendes Medium immer wieder in einzelnen Ausschnitten – je nach aktuellem Teilthema – gezeigt werden.
  Am Ende der Unterrichtseinheit wäre denkbar, die DVD in voller Länge (86 Min.) in einer Doppelstunde zu zeigen. Die filmische Interpretation zieht die Schüler in ihren Bann und fordert dazu heraus, einen Vergleich zum Bibeltext herzustellen.

☐ BAUSTEIN 3: Waschti und Esther. Zwei Frauen und wie sie auf Ungerechtigkeit reagieren (ca. 4 Std.)

Die Schüler/innen bewerten den offenen Widerstand und die diplomatische Unterordnung als zwei mögliche (weibliche) Reaktionen auf ungerechte Autorität.

(1) Waschti widersetzt sich (Esther 1)

▶ Anknüpfung

- »Die Belustigung des Schahs« – ein Fest am persischen Königshof (»Der Medicus«, S. 345 ff)
- Lehrererzählung: Artaxerxes entfaltet seine Macht (**M 9**) (**L**)

▶ Problematisierung

- Schnitt: Wie soll Königin Waschti auf die Nachricht der (vornehmen) Boten reagieren? Bildbetrachtung (**M 10**)
- Szenisches Spiel (Gruppenarbeit) – Arbeitsauftrag: Spielt eine mögliche Antwort der Königin
- Vorspiel der Reaktionsmöglichkeiten von Königin Waschti
- Diskussion der Varianten
- Frauen stoßen auf ungerechte Autorität – heutige Beispiele?

▶ Fortsetzung der biblischen Geschichte

- DVD »Esther« (Kapitel 4: »Ihr braucht einen Gehilfen«): Waschti widersetzt sich und wird verstoßen.
- Umrisszeichnungen von König Artaxerxes und Königin Waschti
  a) Überlegt euch zu beiden Personen fünf treffende Adjektive (Partnerarbeit)
  b) Vergleich der Ergebnisse – Beschriftung der Umrisszeichnung (vgl. Filmbeiheft, S. 17 f)
  (Statt der großen Umrisszeichnungen könnten auch folierte Personenkarten zum Einsatz kommen. Das Set erweitert sich mit der Lektüre des Esther-Buches. Mit Hilfe von Magneten lassen sich so an der Tafel die Namen und Eigenschaften der Personen wiederholen sowie Nähe und Distanz zwischen ihnen visualisieren. Durch unterschiedliche Farbgebung der Personenkarten können Personen aus dem persisch-assyrischen Umfeld von jüdischen Personen differenziert werden.)
- Gemeinsame Lektüre von Esther 1: Unterschiede zum Film? – Ergänzungen zu den Eigenschaften der beiden Personen?

▶ Kreative Umsetzung (Hausaufgabe?)

- Schreibe für Waschti einen geheimen Brief an ihre beste Freundin, die noch am Königshof in Susa lebt. (vgl. Büttner/Maier[24]: M 3, S. 64 → Portfolio; evtl. ist es eine Hilfe, wenn der Anfang des Briefes vorgegeben wird)

Alternativ:
Talkshow »Zwischenfall bei Hof« (mit Rollenkarten) inszenieren (vgl. Elisabeth Seifert, Wein, Weib, Widerstand. Eine Bibelarbeit zu Esther 1,1–22, in: Schlangenbrut 40, 11. Jg. 1998, S. 22–25)

---

24 G. Büttner / J. Maier, Maria aus Magdala – Ester – Deborah, Stuttgart 1994 (calwer materialien).

(2) Esther ordnet sich unter (Esther 2)

▶ Anknüpfung

- Sprichwort: »Des einen Leid – das andern Freud!«
- Wie wird es wohl weitergehen am Königshof in Susa?

▶ Die biblische Erzählung

- DVD »Esther« (Kapitel 5 und 6: Ungehörte Botschaft – Lang lebe die Königin!; ca. 20 Min.) Leitfrage: Inwiefern verhält Esther sich anders als Waschti?
- Eindrücke der Filmsequenz? Esthers Eigenschaften? Eine Umrisszeichnung für Esther beschriften und aufhängen (vgl. Filmbeiheft, S. 19 f)
- Gemeinsame Lektüre von Esther 2: Vergleich mit dem Film – Ergänzungen zum Persönlichkeitsprofil von Esther? (Wichtig: auch eine biblische Person kann sich im Laufe einer Geschichte entwickeln!)

▶ Problematisierung

- Diskussion: Was dürfte Esther als Jüdin eigentlich nicht? Ist angepasstes Verhalten »klug« oder »feige«?
- Waschti und/oder Esther als Vorbild?

▶ Kreative Umsetzung

- Schreibe aus Esthers Sicht einen Brief an ihren Stiefvater Mordechai oder an eine frühere Freundin.
  (evtl. als Hausaufgabe, vgl. Büttner/Maier: a.a.O., M 4, S. 65; Portfolio)

◪ BAUSTEIN 4: Haman und Mordechai. Zwei Männer und wie sie um Macht streiten (ca. 2 Std.)

Die Schüler/innen sehen am Beispiel von Haman, dass das Streben nach Macht moralische Grenzen ausblendet, und diskutieren, ob der Ehrliche stets der Dumme sein muss.

▶ Anknüpfung

- »Schwein sein« (Die Prinzen, 1995. Text: http://german.about.com/library/blmus_prinzen02.htm)
- Ist das so? Vergleichspunkt: Mobbing in der Schule

Alternativ:
- »Der Ehrliche ist der Dumme« (vgl. dazu Ulrich Wickert, Der Ehrliche ist der Dumme. Über den Verlust der Werte, München [2]2005)
- Bild eines Judensterns (in: Treffpunkt Bibel 3/2002, S. 10): Juden – eine verfolgte Minderheit (Vorwissen der Schüler/innen aufgreifen); Anfänge des Judenhasses im Alten Testament (bietet sich an, wenn der Vertiefungsbaustein berücksichtigt werden soll)

▶ Die biblische Geschichte

- DVD »Esther« (Kapitel 7 und 8: Ein verborgener Plan – Der neue Großkämmerer; ca. 20 Min.)
- Beobachtungsaufgabe zum Film: Beschreibt die beiden männlichen Gegenspieler im Buch Esther. Was kennzeichnet Mordechai? Was Haman?
- Austausch: Beschriftung der Umrisszeichnungen für Mordechai und Haman (vgl. Filmbeiheft, S. 18 f)
- Gemeinsame Lektüre: Esther 2,21–3,11

▶ Vertiefungsbaustein (fakultativ):

- Haman und Mordechai: eine Erbfeindschaft (alttestamentliche Bezüge – Benjaminiter gegen Amalekiter – verdeutlichen, z.B. Esther 3,1–13 und 1. Samuel 15 sowie 2. Mose 17,8–16; vgl. Tafelskizze in Büttner/Maier, a.a.O., S. 58)
- Haman als Beispiel für den Judenhass in der Geschichte (vgl. Anknüpfung mit dem Judenstern)

▶ Kreative Umsetzung

- Schreibe eine heutige Schulgeschichte, in der zwei Jungen vorkommen, die den biblischen Figuren Mordechai und Haman entsprechen.
- Vergleich der Erzählungen
- Wie geht der Streit um die Vormacht aus? Ist der Ehrliche der Dumme?

❏ BAUSTEIN 5: Esther wird mutig und erweist sich als klug (ca. 4 Std.)

Die Schüler/innen erfahren, wie Esther in einer herausfordernden Situation über sich hinauswächst, und verstehen Esthers Entwicklung als Ermutigung für die eigenen Entwicklungsmöglichkeiten.

▶ Anknüpfung

- Welche Personen prägen die biblische Esther-Geschichte? Zwei Frauen, zwei Männer und ein König (Verweis auf die Schattenrisse in der Klasse/Wiederholung Esther 1–3).
- Stellt euch vor, ihr wärt Filmregisseur: Was könnte man aus diesen fünf Personen machen, um die Handlung dramatisch zu bündeln?

▶ Die biblische Erzählung (1. Teil: Wie stark ist Esther? Esther 4)

- gemeinsame Lektüre: Esther 4,1–8
- Gruppenarbeit (4 Personen):
  Was soll Esther tun? Reden und für ihr Volk den Tod riskieren? Oder schweigen und die eigene Haut retten? (Argumente sammeln)
- Einen inneren Monolog vortragen
  - mit verteilten Rollen vorlesen (innere Stimmen und Ich)
  - besser: in Form des Doppelns vorspielen (eine Spielerin sitzt auf dem Stuhl und spielt das Ich, zwei andere flüstern in das rechte bzw. linke Ohr die jeweiligen Argumente, das Ich versucht beides zu vermitteln!)
- Esthers Entschluss in der biblischen Erzählung: 4,9–17.

▶ Vertiefungsmöglichkeit

- Was hilft in Situationen, in denen ich nicht weiter weiß?
- Das Gebet der Esther (4,17) (erweiterte griechische Fassung des Estherbuches, vgl. Einheitsübersetzung S. 519)
- Worin unterscheidet sich dieser Abschnitt von dem, was wir bisher im Buch Esther gelesen haben? (Profane Theologie, d.h. Gott wirkt verborgen/implizit in den Geschehnissen des Alltags? Oder: explizite Theologie, d.h. der Gottesglaube wird in ausdrücklichen Handlungen wie einem Gebet erkennbar artikuliert)
- Textkritische Anmerkungen:
  - Ältere hebräische Fassung des Estherbuches (nur angedeutete Gottesbezüge)
  - Jüngere griechische Ergänzungen zum Estherbuch (deutlich herausgestellter Gottesbezug)
- Transfer: Über Gott reden (Wort) – mit Gott leben (Tat)?
  »Das Gebet ersetzt keine Tat, aber es ist durch keine Tat zu ersetzen!«

▶ Die biblische Erzählung (2. Teil: Wie klug ist Esther? Esther 5 und 6)

- Entwickelt einen Plan, wie Esther ihre Bitte beim König klug einfädeln könnte! (Gruppenarbeit mit drei Personen)
- Austausch der strategischen Varianten

Alternativ:
- Esther schreibt einen Brief an die verstoßene Königin Waschti und bittet sie um Rat, wie sie dem König ihre Bitte vortragen soll.
  - Arbeitsteilige Gruppenarbeit zu Esther Kap. 5 und 6 in acht Gruppen (**M 11**; Lösungshorizont: Charakterisierung der Hauptpersonen, vgl. **M 11b [L]**).
  - Vorstellung der Ergebnisse; Entwicklung eines Diagramms als Tafelanschrieb; Ergänzungen der Umrisszeichnungen von Esther und Haman
  - DVD »Esther« (Kapitel 9–11: Gnade für ihr Volk – Festmahl am Hof – Zeichen des Vertrauens; vgl. Baustein 4: Die Bitte der Königin)
    Wichtig: den Film abbrechen, nachdem Esther (endlich!) ihre Bitte vorgetragen hat.
  - Wie könnte der König nun reagieren?

▶ Kreativaufgabe

- Ihr seid der Filmregisseur. Wie gestaltet ihr die Reaktion des Königs Artaxerxes auf die Bitte seiner Frau filmisch aus?

◘ BAUSTEIN 6: Ein Fest der Befreiung feiern: Purim (ca. 4 Std.)

Die Schüler/innen erfahren, dass Esther durch Mut und Klugheit das Überleben ihres Volkes ermöglicht, und feiern ein kleines Fest der Befreiung in der Klasse.

▶ Anknüpfung

- Wie könnte König Artaxerxes auf Esthers Bitte reagieren? (Vorstellung der Schülerantworten, vgl. Baustein 5)
- Und was sagt die biblische Erzählung? (Lehrererzählung zu Esther 7,5–10)
- DVD »Esther« (Kapitel 11: Die Bitte der Königin – jetzt die ganze Sequenz zeigen!)

▶ Feind tot – Gefahr gebannt? (Esther 8; 9)

- Ist mit dem Tode Hamans für die Juden im Perserreich »alles in Butter«? (Vgl. die Unwiderruflichkeit der Gesetze »der Meder und Perser«)
- Was könnten der König und die Königin tun, um – ohne Aufhebung des 1. Gesetzes von Haman – die jüdische Bevölkerung vor Übergriffen zu schützen? (Ideen an der Tafel sammeln)
- Stille Lektüre von Esther 8,1–9; 16. Persönliche Überlegungen zu mindestens einem Vers formulieren (vgl. Lesetagebuch).

▶ Vertiefungsmöglichkeit

- Wie verhalte ich mich gegenüber ungerechtfertigter Autorität?
  a) Antisexismus – Widerstand der Waschti
  b) Antisemitismus – Widerstand von Mordechai und Esther
- Inwiefern unterscheidet sich die Gewalt der jüdischen Bevölkerung von der von Haman geplanten Gewalt?
- Darf, wer sich vor Unrecht schützen will, selbst gewalttätig sein? Diskussion:
  Gibt es ein »protestantisches« Widerstandsrecht? – Vgl. Dietrich Bonhoeffer: Inwiefern ist es einem Christen erlaubt, der Staatsgewalt zu widerstehen und ggf. auch einen Tyrannenmord zu begehen?

▶ Einem jüdischen Fest auf der Spur

- Sucht im Internet Informationen zum Stichwort »Purim« bzw. »Purimfest«.
- Schreibt das Wesentliche zusammenfassend auf und verdeutlicht dabei den Bezug zum Buch Esther.
- Vorstellung der Suchergebnisse
- Video »Purim – Gedanken zum jüdischen Losfest« (FWU Institut für Film und Bild 1994; 16 Min.)
- Evtl. Gemeinsamkeiten und Unterschiede zwischen »Purim« und »Fasching« herausstellen.

▶ Kreativaufgabe: Wir feiern Purim

- Ideen für die Gestaltung des Festes sammeln: z.B. Raum schön gestalten; Haman-Taschen backen vgl. Büttner/Maier: M 12, S. 73; Stiftungslegende feierlich lesen: Esther 9,7–32; festliche (Ver-)Kleidung, evtl. Prämierung des gelungensten Outfits bei den Mädchen und (!) Jungen; den Esther-Film ganz sehen? usw.
- Fest gemeinsam vorbereiten
- Feier
- Evtl. Nachgespräch: zuversichtliches Vertrauen auf Gott trotz äußerer Gefahr? Wie gelingt es, auch in schwierigen Lebenssituationen immer wieder auch mal fröhlich und ausgelassen zu sein?

▶ Idee zum Portfolio

Nach all diesen Ereignissen lädt Königin Esther ihre Vorgängerin Waschti zu sich in den Palast von Susa ein.
Schreibe eine Szene, in der sich die beiden Frauen das erste Mal begegnen. Was denken sie übereinander? Wie gehen sie miteinander um? Was sagen sie? Überlege, wie eine Vereinbarung der beiden Frauen lauten könnte, in der sie ihr zukünftiges Zusammenleben zum gegenseitigen Vorteil regeln könnten.

◘ BAUSTEIN 7 bzw. 8: Männer- und Frauenbilder heute (Variante 2)

◘ BAUSTEIN 7: Besuch einer Einrichtung der Frauenarbeit (ca. 2 Std.)

Die Schüler/innen lernen eine Einrichtung in ihrem Umfeld kennen, die sich in besonderer Weise mit den Konfliktfällen im Zusammenleben von Frauen und Männern heute befasst.

Denkbare Aktionen:
- Besuch einer Einrichtung der Frauenarbeit, z.B. COBRA in Stuttgart
- Einladung eines Mitarbeiters/einer Mitarbeiterin aus der Familienberatungsstelle vor Ort oder einer Referentin von Terre des Femmes e.V. (Kontakt: www.frauenrechte.de)
- Ein Polizist/eine Polizistin berichtet über die Erfahrungen mit dem »Platzverweis« für gewalttätige Männer.

◘ BAUSTEIN 8: Gemeinsam geht es besser! (ca. 4 Std.; alternativ: Projekttag außerhalb der Schule)

Die Schüler/innen erfahren, dass Jungen und Mädchen ähnliche, aber auch unterschiedliche Strategien haben, eine Problemstellung gemeinsam zu lösen. Dabei verstehen sie die geschlechtsspezifische Unterschiedlichkeit als Chance zur gegenseitigen Ergänzung.

▶ **Einstieg**

Zwei Plakate zur Begrüßung

PLAKAT 1 (links)
Mädchen sind stark!

PLAKAT 2 (rechts)
Jungen sind einfühlsam!

- Stimmt das?
- Wie war das im Buch Esther? Und bei uns? (Diskussion)

Mädchen sind stark!	... gehen zuversichtlich an schwere Aufgaben heran ... arbeiten als Team gut zusammen ... finden kluge Lösungsansätze ... versuchen, es immer noch besser zu machen ... ???	Jungen sind einfühlsam!

Aufgaben im Team lösen (drittes Plakat aufhängen)
Welche Aussage trifft mehr für die Mädchen, welche mehr für die Jungen zu?

▶ **Gruppendynamische Spiele** (geschlechtsspezifisch)

a) Der stumme Gang übers Schachfeld
(strategisch-kognitives Spiel) (**M 12**) (**L**)

b) Der Schatz im Säuresee
(ein Aktionsspiel mit vielen Lösungswegen) (**M 13**) (**L**)

In geschlechtsspezifischen Gruppen werden die Aufgaben in jeweils maximal 30 Minuten gelöst. Ggf. ist es hilfreich, den Gruppenprozess vergleichend zu filmen.

▶ Auswertung der geschlechtsspezifischen Spiele

- Die einzelnen Gruppen berichten, wie sie die beiden Aufgaben angegangen sind, was ihnen gelungen ist und wo sie gescheitert sind. Letzteres ist ungleich schwieriger – und manchmal auch peinlich –, wäre aber ein großer Schritt in Richtung Offenheit.
- Ggf. können zur Illustration zwei vergleichende Filmsequenzen eingespielt werden.
- Es kann ein Rückbezug auf die Einstiegsplakate hergestellt werden.
- Können wir nach den Spielen etwas ergänzen?
- Wichtig: Unterschiede sollen festgestellt und beschrieben, Wertungen aber vermieden werden!

▶ Gruppendynamisches Spiel (gemischte Gruppen Mädchen und Jungen)

a) B beschreibt »blindem« C, wie A sitzt (drei Personen)

b) blind geometrische Figuren bilden (zwei Großgruppen oder auch die ganze Klasse)

c) Vierzeiler dichten (Kleingruppe; mögliche Stichwörter: Mann – Frau – allein – gemeinsam)

▶ Auswertung der zweiten Runde

Leitfrage: In welchen Situationen ist deutlich geworden, dass eine Zusammenarbeit von Mädchen und Jungen erfolgreicher ist, als wenn getrennt gearbeitet und gedacht wird?

▶ Biblischer Abschluss

- Was beeindruckt mich an den Frauen (Esther oder Waschti) im Buch Esther?
- Was kann man von den Männern lernen (Mordechai, Artaxerxes oder gar Haman)?

Alternativ:
Schöpfungstheologische Vertiefung (vgl. Baustein 1)
»Gott schuf den Menschen als sein Abbild, als Mann und Frau!« (*isch* und *ischa* – Mann und »Männin«; vgl. 1. Mose 1,27 oder 2,23).

5. Materialien

M 1 Marie Marcks: Ein Mädchen tut so was nicht!!

M 2

Das Lied von der Glocke
(Ausschnitt)

Der Mann muss hinaus
Ins feindliche Leben,
Muss wirken und streben
Und pflanzen und schaffen,
Erlisten, erraffen,
Muss wetten und wagen,
Das Glück zu erjagen.
Da strömet herbei die unendliche Gabe,
Es füllt sich der Speicher mit köstlicher Habe,
Die Räume wachsen, es dehnt sich das Haus.
Und drinnen waltet
Die züchtige Haufrau,
Die Mutter der Kinder,
Und herrschet weise
Im häuslichen Kreise
Und lehret die Mädchen
Und wehret den Knaben,
Und reget ohn' Ende
Die fleißigen Hände,
Und mehret den Gewinn
Mit ordnendem Sinn …

Friedrich Schiller

M 3 **Wie man in der Antike über Frauen dachte**

M 4 Typisch Jungen – typisch Mädchen?!

1. **Jungen und Mädchen** müssten in der Schule in gleicher Weise Haushaltsführung, Nahrungszubereitung, Wäschepflege, Säuglingspflege und Erziehungslehre lernen, um auf ein späteres verantwortliches Leben in Partnerschaft, Familie und Elternschaft vorbereitet zu sein.

   ☐ ja, auf jeden Fall ☐ das wäre gut ☐ möglicherweise ☐ nein, das halte ich für Unsinn

2. **Frauen** sind **von Natur aus begabter** als Männer, für die Familie ein Klima von Wärme und Geborgenheit zu schaffen.

   ☐ ja, auf jeden Fall ☐ das wäre gut ☐ möglicherweise ☐ nein, das halte ich für Unsinn

3. **Männer** können **ebenso gut** einen Haushalt führen und Kinder großziehen wie Frauen.

   ☐ ja, auf jeden Fall ☐ das wäre gut ☐ möglicherweise ☐ nein, das halte ich für Unsinn

4 a) Nur für die Jungen:	4 b) Nur für die Mädchen:
Könntest du dir als Mann vorstellen, eine Frau zu heiraten, die nach der Heirat ihren Beruf weiter ausübt und das Geld verdient, während du als Ehemann deinen Beruf aufgibst, um den Haushalt zu führen und die Kinder zu betreuen?	Könntest du dir als Frau vorstellen, nach der Heirat deinen Beruf weiter auszuüben und das Geld zu verdienen, während dein Ehemann seinen Beruf aufgibt, um den Haushalt zu führen und die Kinder zu betreuen?
☐ ja, auf jeden Fall ☐ das wäre gut ☐ möglicherweise ☐ nein, das halte ich für Unsinn	☐ ja, auf jeden Fall ☐ das wäre gut ☐ möglicherweise ☐ nein, das halte ich für Unsinn

5. **Männer sind den Frauen im Allgemeinen überlegen**

   – im logischen Denken

   ☐ ja, auf jeden Fall ☐ das wäre gut ☐ möglicherweise ☐ nein, das halte ich für Unsinn

   – in der Fähigkeit, technische Probleme zu lösen

   ☐ ja, auf jeden Fall ☐ das wäre gut ☐ möglicherweise ☐ nein, das halte ich für Unsinn

   – in der physischen Leistungsfähigkeit (Kraft, Schnelligkeit)

   ☐ ja, auf jeden Fall ☐ das wäre gut ☐ möglicherweise ☐ nein, das halte ich für Unsinn

6. **Frauen sind den Männern im Allgemeinen überlegen**

   – in Einfühlsamkeit

   ☐ ja, auf jeden Fall ☐ das wäre gut ☐ möglicherweise ☐ nein, das halte ich für Unsinn

   – in der Lösung von praktischen Lebensfragen

   ☐ ja, auf jeden Fall ☐ das wäre gut ☐ möglicherweise ☐ nein, das halte ich für Unsinn

   – in der Fähigkeit, körperliche Schmerzen zu ertragen

   ☐ ja, auf jeden Fall ☐ das wäre gut ☐ möglicherweise ☐ nein, das halte ich für Unsinn

M 5 »Bei welchen Männern Frauen schwach werden«

Klarer Favorit der deutschen Frauen zwischen 18 und 49: der Beschützer.
Unbeliebt: der Brachial-Macho

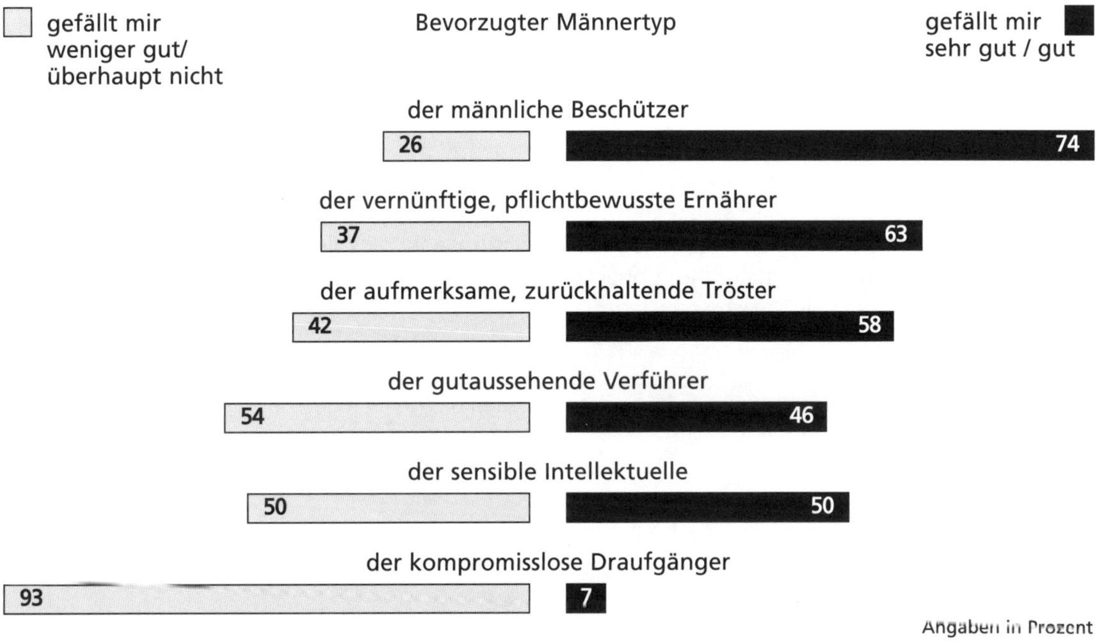

DIE WICHTIGSTEN EIGENSCHAFTEN, die ein Mann besitzen sollte, sind – aus Sicht der deutschen Frauen – Zuverlässigkeit (98,8 Prozent) und Verantwortungsgefühl (98,1 Prozent)

Quelle: IFAK-Institut, Taunusstein
aus: FOCUS 05.05.1997, S. 177

Jeder Zweite sagt: Frauen ins Haus

Wiesbaden. Frauen sollten nach Ansicht jedes zweiten westdeutschen Mannes zu Hause bleiben und sich um Kinder und Haushalt kümmern. 47 Prozent der Frauen sind derselben Meinung. Das ermittelte das Statistische Bundesamt. In Ostdeutschland wollen hingegen nur 26 Prozent der Frauen und 27 Prozent der Männer die Frau zu Hause sehen. Ein Drittel der Westbürger meint, Frauen sollten die Karriere ihres Mannes unterstützen statt einen hohen Posten anzustreben.

Aus: Neue Presse Hannover v. 21.5.1997

M 6 Mädchensozialisation – Jungensozialisation

Vier Thesen

These 1

Jungen »verwerten« die Leistungsbewertungen der Institution eher »selbstwertdienlich« als Mädchen dies tun – sie schöpfen das Verständnispotenzial voll aus und wehren selbstwertbedrohliche Aspekte erfolgreich ab.

These 2

Jungen werden zwar häufiger kritisiert als Mädchen. Sie erhalten jedoch kaum Rückmeldungen, die Informationen über mangelnde Fähigkeiten transportieren, sondern beanstandet werden eher nicht-intellektuelle Aspekte (zu unordentlich, unaufmerksam, zu wenig motiviert). Bei den Mädchen werden hingegen vor allem Misserfolgsrückmeldungen in einer Weise übermittelt, die sehr leicht mangelnde intellektuelle Kompetenz als Ursache nahelegt.

These 3

Lehrkräfte wissen mehr über männliche Schüler, beziehen sich eher namentlich auf sie, nehmen ihre Anregungen und Interessen häufiger auf.

These 4

Mädchen tragen sehr viel zu einem positiven Klima bei – es kommt aber nicht in erster Linie ihnen selbst, sondern den männlichen Klassengenossen zugute.

Marianne Horstkemper

Aus: Feminin – Maskulin: Konventionen – Kontroversen – Korrespondenzen. Friedrich Jahresheft VII, 1989, S. 97–101 (Auszüge)

© mauritius

© mauritius

M 7

Das Verhältnis von Mann und Frau im Perserreich (ca. 1000 n. Chr.)

Noah Gordon – »Der Medicus«:
Kapitel »Die Belustigung des Schahs« (S. 345–357)

Stelle	Situation	Deutung
S. 347	Ein junger Mann, der beim Geschlechtsverkehr mit der Frau eines anderen erwischt wurde, wird von der islamischen Gerichtsbarkeit zum Tode verurteilt.	Die Ehe steht unter strengem Schutz. Ehebruch wird äußerst hart bestraft.
S. 350	Besonders angesehene Personen (z.B. hohe Staatsbeamte) besitzen einen eigenen Harem, der von Eunuchen bewacht wird. Nur der Herr des Hauses darf diese Gemächer betreten.	Macht und der Reichtum verleihen wenigen Männern sexuelle Vorzugsrechte.
S. 355	Für den Schah gilt ein besonderes Recht: Er geht während des Festes wie selbstverständlich in den Harem seines Generals.	Der Schah erfährt geradezu göttliche Verehrung, und niemand wagt es, etwas gegen ihn zu sagen.
S. 357	Ein Mann konnte – nach islamischem Recht – bis zu vier Frauen haben.	Männer sind in der religiösen Rechtsprechung bevorzugt.

Der Palast des Darius in Susa

✗ Auf einem Papyrus-Stückchen haben Archäologen diese Teilskizze zum Palast des Darius in Susa gefunden. Versuche den Plan zeichnerisch zu vervollständigen. Dabei kannst du mit Hilfe deiner Fantasie auch ganz neue Gebäude der Palastanlage dazuerfinden. Wie könnte zum Beispiel der Thronsaal ausgesehen haben? Wie stellst du dir den Wohnpalast vor?

Fotos: © akg-images

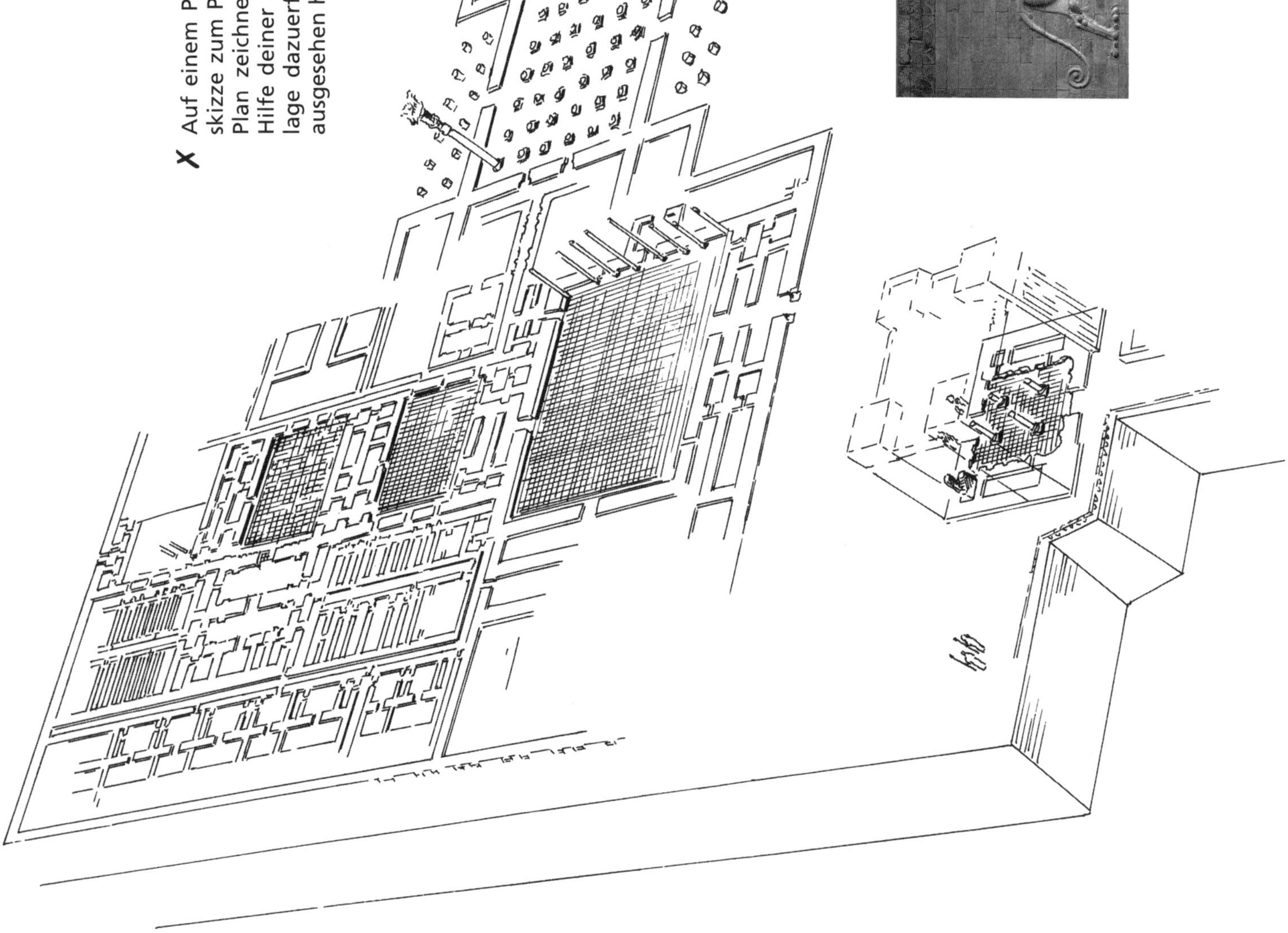

M 9 (L) Artaxerxes entfaltet seine Macht

Susa – eine Stadt wie im »Märchen aus 1001 Nacht«, im fernen Persien, vor knapp 2500 Jahren. Der König Artaxerxes (Xerxes) beherrscht den ganzen Nahen und Mittleren Osten *(siehe OHP – Karte, z.B. aus: »Das Persische Reich«, in: Der neue Bibelatlas, Brockhaus Verlag, Wuppertal 1992, S. 94)* von Indien bis Ägypten.
In seinem Reich leben auch Nachfahren jener Juden, die vor mehr als 100 Jahren verschleppt wurden. Das ist eine lange Zeit. Da verblassen manche Erinnerungen. Die Menschen passen sich an die fremde Kultur an und richten sich in der Fremde ein. Sie erzählen sich aber noch immer die Geschichten von früher: von Abraham, Isaak, Jakob, Mose und dem Land, das Gott ihnen gegeben hat und eines Tages zurückgeben wird.
In der Fremde geschieht folgende Geschichte:
Dem König Xerxes geht es ausgezeichnet. Auf seiner Burg in der Hauptstadt Susa stellt er die Macht, den Reichtum und den Glanz seiner Herrschaft zur Schau. Durch das Palasttor ziehen in langer Prozession seine Fürsten, Statthalter und Diener in die Königshalle ein. Deren lange Wände sind mit Reliefdarstellungen reich geschmückt (*siehe OHP-Abbildungen aus: Welt und Umwelt der Bibel 2/1999, S. 38–42*). In der Mitte der Wand steht der hohe Thron des Königs. Vor ihm werfen sich die Fürsten und Statthalter nieder und huldigen dem König.
Hinter dem Thronsaal befindet sich das Audienzzimmer, in dem der König für seine Fürsten, Statthalter und Diener sieben Tage lang ein rauschendes Fest veranstaltet.
Doch nicht nur im Palast wird gefeiert, sondern auch im Garten. Zwischen den zahlreichen Säulen sind dort farbige Baumwolltücher gespannt. Purpurbänder in silbernen Ringen hängen an Marmorsäulen und flattern im Sommerwind. Auf dem Fußboden aus Smaragd und weißem Marmor sind prachtvolle Ruhelager vorbereitet. Alle Gäste können nach Herzenslust sieben Tage und Nächte essen und trinken. Die Getränke werden in goldenen Bechern serviert, von denen keiner dem anderen gleicht. Königlicher Wein ist im Überfluss vorhanden.
Auch die Königin Waschti gibt ein Fest für die Frauen. Sie feiern getrennt von den Männern in den Frauengemächern (*Harem – Frauengemächer, zu denen kein fremder Mann Zutritt hatte. Ständig werden ältere Frauen durch jüngere ersetzt*). Auch hier fehlt es an nichts, und es herrscht eine fröhliche Stimmung.
Der siebte Tag: Der König ist durch den Wein in guter Laune. Ihm kommt ein »glänzender« Gedanke …
Er schickt Diener in die Frauengemächer. Diese fordern die Königin Waschti auf, ihren königlichen Schmuck anzulegen und unbekleidet (!) vor den König und die versammelten Fürsten zu treten. So hat es der König befohlen, sagen die Diener.
Für die Königin ist das ungeheuerlich. Ihr bleibt das Herz stehen, als sie diese Nachricht hört. Der König will mit ihrer Schönheit angeben und all die betrunkenen Männer würden sie anstarren!
(Hier eine Frage an die Schüler/innen einschieben: Welche Reaktion der Königin auf die Bitte der Diener / den Befehl des Perserkönigs würden sie erwarten? Evtl. den Konflikt ausspielen. Innere Stimmen der Königin im Sinne des »Doppelns« artikulieren.)
»Nein!«, sagt die Königin.
Die Boten des Königs, die in tiefer Verbeugung da stehen, rühren sich nicht. Was da an Antwort an ihre Ohren gedrungen ist, kann doch nicht wahr sein! Die Königin hat »Nein!« gesagt. Sie müssen sich verhört haben. Es ist so still im Saal, dass die Boten des Königs sogar den tiefen Atemzug der Königin hören können, bevor sie noch einmal wiederholt: »Nein, ich komme nicht.«
Noch immer stehen die Boten gebeugt. Was sollen sie tun? Mit solch einer Antwort haben sie nicht gerechnet. Niemand rührt sich im Frauengemach. Man hört nur das leise Knacken der Fackeln, die zur Beleuchtung an der Wand befestigt sind. Schließlich hebt der Älteste der Abgesandten den Kopf und wiederholt: »Der König befiehlt, dass du kommst!«
»Sage dem König, dass ich mich nicht vor seinen Gästen zeigen werde. Ich feiere das Fest mit meinen Frauen weiter.«
Königin Waschti gibt ein Zeichen, und die Musik beginnt wieder zu spielen. Der Tanz und das Fest können weitergehen. Die meisten tanzen weiter oder gehen an die Tische zurück, um einen Schluck zu trinken und die köstlichen Speisen zu genießen.
Nicht alle Frauen sind in den Glanz des Festes zurückgekehrt. Die Königin selbst ist über eine Terrasse in den Garten hinausgetreten. Ihre Hände zittern. Sie hat Angst. Noch einmal läuft ihr bisheriges Leben als Königin in Bildern an ihr vorüber. Sie erinnert sich …

Nach der Erzählung in G. Büttner/ J. Maier, Maria aus Magdala – Ester – Debora, Stuttgart 1994, S. 62

M 10

Die Königin Waschti wird verjagt

Beate Dehnen

M 11

Von weiblicher Klugheit und männlichem Machtwillen

Esther: Kapitel 5 bis 7

✗ Teilt die Klasse in drei Mädchen- und drei Jungengruppen.
Jede Gruppe überfliegt die drei Kapitel im Buch Esther und liest den in Klammern für die Gruppe angegebenen Teiltext sehr sorgfältig, um die Antwort auf die Frage in der Gesamtklasse präsentieren zu können. (Zeit: 20 Minuten)
Fragt im Zweifelsfall bei eurem Religionslehrer nach.

Mädchen – 1. Gruppe
Esther lädt ihren Mann, König Artaxerxes, und Haman zu einem Festessen in den Frauenpalast ein.

✗ Was ist ihr Plan? (bes. Esther 5,1–5)

Mädchen – 2. Gruppe

✗ Wie verhält sich Esther beim ersten Festessen gegenüber den beiden Männern?

✗ In welcher Stimmung verlassen sie den Frauenpalast? (bes. Esther 5,6–8)

Mädchen – 3. Gruppe

✗ Nennt den Wendepunkt der Ereignisse während des zweiten Festessens.

✗ Welche Aussage von Esther ist eurer Meinung nach die wichtigste? (bes. Esther 7,1–10)

Jungen – 1. Gruppe

✗ In welcher Stimmung befindet sich Haman nach dem Essen bei der Königin?

✗ Durch die Begegnung mit Mordechai schlägt seine Stimmung um. Warum?

✗ Welchen Plan entwickelt Hamans Frau? (bes. Esther 5,9–14)

Jungen – 2. Gruppe

✗ Sucht zwei Gründe, warum Konig Artaxerxes nach dem ersten Festessen bei Esther nicht schlafen konnte.

✗ Was entdeckt er in dieser unruhigen Nacht? (bes. Esther 6,1–5)

Jungen – 3. Gruppe

✗ Zeichnet ein Diagramm, wie sich Hamans Stimmung im Verlauf der Unterredung mit König Artaxerxes verändert. (bes. Esther 6,6–14)

Zusammenfassung der Gruppenergebnisse
Entwickelt gemeinsam – nachdem ihr alle Gruppenergebnisse gehört habt – an der Tafel ein Diagramm, in dem die Qualität der Beziehung
▷ Esther – König
▷ Esther – Haman
▷ König – Haman
zu drei Zeitpunkten eingetragen wird:
vor dem ersten Festessen – nach dem ersten Festessen – nach dem zweiten Festessen.

M 11b (L) Das Buch Esther – Charakterisierung der Hauptperson

<table>
<tr><th>Personen persischer Herkunft</th><th>Personen jüdischer Herkunft</th></tr>
<tr><td>A R T A X E R X E S
– König des Perserreiches (um 450 v. Chr.)
– feiert gerne prachtvolle Feste
– sehr bestimmend/herrisch ↔ unentschlossen/ von seinen Beratern beeinflussbar
– schwankend und unberechenbar
– entlässt seine Hauptfrau, Königin Waschti, weil sie sich weigert, einer Bitte von ihm nachzukommen
– trinkt (zu) viel Alkohol
– geht – zumindest im Film – mit Esther auch einfühlsam um
– …</td><td>M O R D E C H A I
– klug
– ist nach dem Tod von Esthers Eltern für ihre Erziehung verantwortlich
– vertritt eine »diplomatische« Frömmigkeit, die zwischen Judentum und dem persischen Gastland vermittelt
– stolz; er verneigt sich nicht vor dem anmaßenden Haman
– rettet dem König seines Gastlandes in einer Verschwörung das Leben
– setzt sich unablässig für sein jüdisches Volk ein
– …</td></tr>
<tr><td>W A S C H T I
– Königin und Hauptfrau des Artaxerxes
– sehr schön
– eigenwillig/stur etwas Besonderes
– steht zu ihrer Meinung
– will sich in der Öffentlichkeit nicht zur Schau stellen lassen
– muss die Hauptstadt Susa aufgrund ihrer Weigerung verlassen
– macht sich – im Film – über die persischen Götter lustig
– …</td><td>E S T H E R
– ein Waisenkind
– kann auch in der Fremde die hebräische Sprache und unterrichtet Kinder darin
– hübsch und unverheiratet
– hört auf die Ratschläge ihres Onkels Mordechai
– passt sich den Sitten am persischen Hof an
– die Nacht mit dem König ist ihr »erstes Mal«
– wird überraschend zur neuen Königin ernannt
– lernt taktisch klug vorzugehen / leise Diplomatie
– …</td></tr>
<tr><td>H A M A N
– Berater des persischen Königs
– der zweitwichtigste Mann im Reich – nach dem König
– von adliger Herkunft
– sucht nach öffentlicher Anerkennung
– machtbesessen
– berechnend
– …</td><td>E S R A
– kommt in der Bibel nicht direkt vor (!) / wird im Film als der jüdische Gegenspieler von Mordechai eingeführt
– vertritt einen strengen jüdischen Glauben, der keine Kompromisse mit seiner persischen Umwelt eingeht
– Jüdische Mädchen sollen ausschließlich jüdische Männer heiraten!
– führt nach der Rettung der Juden durch Königin Esther (Purimfest) den Zug derer an, die Jerusalem neu aufbauen wollen
– …</td></tr>
<tr><td>H E G A I
– Oberster der Haremswächter
– Eunuch
– Finanzminister / Kämmerer
– kümmert sich gewissenhaft um die ihm anvertrauten (Jung-)Frauen
– bestimmend
– Esther freundschaftlich zugeneigt / bevorzugt sie / Esther hört umgekehrt auf Hegais Rat
– …</td><td></td></tr>
</table>

M 12 (L) Der stumme Gang übers Schachfeld

Vorbereitung:
Auf dem Boden ist ein Schachfeld mit 32 weißen und 32 schwarzen Feldern markiert.
Günstig ist es, wenn es im Schulhof ohnehin ein Schachfeld gibt oder in einem Gang Fliesen entsprechend farblich abgewechselt vorhanden sind.
Es werden geschlechtshomogene Teams mit etwa vier Schülern bzw. Schülerinnen gebildet.

Erklärung:
Der Spielleiter geht in einer ganz bestimmten Reihenfolge über einige Felder dieses Schachbrettes. Die beobachtende Gruppe muss diesen stummen Gang sehr genau beobachten und anschließend so fehlerfrei wie möglich rekonstruieren.

Vorbereitende Teamabsprache:
Mit Hilfe welcher Strategie kann es der Gruppe besonders effektiv gelingen, sich die Abfolge zu merken?

Gang und Rekonstruktion (die einzelnen Gruppen getrennt!)

Auswertung des Interaktionsspiels (am Schluss mit allen Teilgruppen):
- Wie viele Fehler hat die Gruppe gemacht?
- Wie war die Teamabsprache und wie klappte die Durchführung?
- Gibt es Unterschiede in der Herangehensweise von Jungen und Mädchen?

M 13 (L) Der Schatz im Säuresee

Vorbereitung:
Im Schulhof wird am tiefsten Punkt ein Schatz platziert. Diesen gilt es zu erreichen, ohne den ihn umgebenden Säuresee zu berühren. Wie ist das möglich? Die Gruppen aus Schülerinnen oder Schülern bekommen zur Bewältigung dieser Aufgabe verschiedene Hilfsmittel: Seile, Karabinerhaken, Gummis, Schnüre u.a.m.
Innerhalb einer vorgegebenen Zeit (15 Min.) soll nun diese Aufgabe von ihnen im Team bewältigt werden.

Vorbereitende Teamabsprache:
Mit welchen Materialien und welcher Vorgehensweise kann es der Gruppe gelingen, den Schatz zu bergen?

Durchführung (in Einzelgruppen, sonst ist die erste Gruppe benachteiligt!)

Auswertung des Interaktionsspiels (am Schluss mit allen Teilgruppen):
Ist die Bergung des Schatzes gelungen? Wenn ja, in welcher Zeit?
Wie verlief die Teamabsprache und wie klappte die Durchführung?
Gibt es Unterschiede in der Herangehensweise von Jungen und Mädchen?

M 14 (L)

Beispiele für Klassenarbeiten zum Modul

Beispiel 1

Religion Klasse ____________		Datum ____________
	Klassenarbeit Nr.	
Name: ____________________________	Punkte: / 20	Note:
	Viel Erfolg!	

1) Menschen werden »neu« (5 Punkte)

a) Im Unterricht haben wir über einen alkoholkranken Jugendlichen gesprochen. Beschreibe kurz die Situation, in der er sich befindet – was geht in seinem Kopf vor?

b) Wie könnte er sich selbst helfen? Nenne drei Möglichkeiten.

c) Was muss grundsätzlich passieren, damit ein Mensch »neu« wird?

2) Frauen- und Männerbilder heute (8 Punkte)

a) Typisch männlich, typisch weiblich – nenne je drei gängige Vorurteile.

b) Schau dir die beiliegende Werbeanzeige an (aktuelles Beispiel auswählen). Welches Frauenbild wird vermittelt? Beschreibe.

c) Kennst du eine Werbung, die nicht mit den typischen Frauen- und Männerbildern arbeitet? Beschreibe sie kurz. Kennst du keine, so denke dir selbst eine aus.

d) Was sagt die Bibel über das Verhältnis von Mann und Frau? In welchem Zusammenhang wird dies erwähnt?

3) Eine Pracht wie aus 1001 Nacht (5 Punkte)

a) Ihr habt einen Auszug aus dem historischen Roman »Der Medicus« von Noah Gordon gehört. Wer war der Medicus? Beschreibe den Schah mit mindestens vier Adjektiven.

b) Fülle die Lücken.

Susa – eine Stadt wie im Märchen aus ______________, im fernen ____________ vor knapp ______ Jahren. Der König ________________ beherrscht den ganzen Nahen und Mittleren Osten, von ______________ bis ______________. In seinem Reich leben auch Nachfahren jener ______________, die vor mehr als 100 Jahren verschleppt wurden.

4) Zwei Frauen in der Bibel (2 Punkte)

Der König von Susa gibt ein rauschendes Fest. Auch die Königin feiert mit den Frauen des Schlosses. An diesem Abend geschieht Ungeheuerliches. Beschreibe den Vorfall.

Beispiel 2

Kurzarbeit Religion Klasse 8: Thema Esther			
Name:	Datum:	Punkte:	/20 Note:

1. Die Königin Waschti widersetzt sich dem Befehl des Königs. Daraufhin muss sie den Palast verlassen. Schreibe auf, was du aus diesem Geschehen über das damalige Verhältnis von Mann und Frau erfährst. (2 Punkte)

2. Mordechai weigert sich, sich vor Haman zu verbeugen. Er sagt: »Weil ich ein Jude bin und Gott anbete, bete ich keine Menschen an.« Ergänze die Aussage mit mindestens vier Grundsätzen: »Weil ich ein Christ bin, weigere ich mich …« (4 Punkte)

3. Wie drückten Mordechai und Esther sowie das jüdische Volk ihr Entsetzen aus über Hamans Plan, die Juden zu töten? (3 Punkte)

4. Schreibe mindestens drei Argumente auf für Esthers Bitte beim König und mindestens drei Argumente, die dagegen sprechen. (3 Punkte)

5. Formuliere ein Gebet, das Esther gebetet haben könnte, bevor sie zum König ging (mindestens drei Sätze sowie einen passenden Anfang und Schluss). (3 Punkte)

6. Nenne jeweils fünf typische Charaktereigenschaften der Königin Esther und Hamans. (5 Punkte)

Mach's gut!!

Modul 3

Zivilcourage lernen!
Religiöse Bildung kompakt außerhalb der Schule

Erarbeitet vom Projektteam »RU in der Pubertät«: Eckhard Geier, Thamara König, Melanie Skowronek, Ralf Schusser und Manfred Schnitzler

1. Bezug zum Theorieband

»Die Bedeutung der Gleichaltrigenkontakte wächst in dem Maße an, wie die innere Ablösung von den Eltern erfolgt. Die Eltern haben in der Regel Schwierigkeiten, sich nach der emotional engen Kindheitsphase mit der Ablösung der Jugendlichen zurechtzufinden. In schnell aufeinander folgenden Schritten wird eine völlige Neudefinition der Eltern-Kind-Beziehungen notwendig, die erhebliche Verunsicherungen auf beiden Seiten auslösen kann. In dieser Situation können die Gleichaltrigengruppen die Funktion der psychischen Stabilisierung übernehmen, zumindest so lange, bis ein neuer Modus der distanzierten und gereiften Beziehungen mit den Eltern eingespielt ist.«[1]

Anders sein als die anderen!? Welches Mädchen, welcher Junge will das schon?

Anders sein als die Eltern! Das ja, denn schließlich ist die Loslösung von den Eltern ein wichtiger Schritt zum Erwachsenwerden.

Aber anders sein als die Freunde? Das ist ungeheuer schwer. Die Verunsicherung, die die Ablösung vom Elternhaus mit sich bringt, wird nur allzu schnell kompensiert durch Konformität in der Gleichaltrigengruppe: Gleiche Ausdrucksweise, gleicher Kleidungsstil oder gleicher Musikgeschmack stabilisieren das noch unsichere Selbst. Deshalb fällt es Pubertierenden unter Freunden besonders schwer, nein zu sagen. Nicht überall mitzumachen, nur weil »man« es macht, auszuscheren und eigene Wege zu gehen, Zivilcourage einzuüben, wenn das Gewissen sich meldet – das ist für Heranwachsende ein wichtiger Lernprozess.

Bestätigt sich diese entwicklungspsychologisch plausible Annahme in den Ergebnissen unserer explorativen Studie?[2]

Ein erstes Indiz für die hohe Bedeutung der Gleichaltrigengruppe zeigt sich in den freien Antworten zu Verbesserungsvorschlägen im Blick auf den projektartigen Religionsunterricht in Klasse 8: Die meisten Schülerinnen und Schüler nennen »mehr Ausflüge«, und an dritter Stelle wünschen sie »mehr richtige Gruppenarbeit«. Gemeinsame Aktionen nach außen sowie kooperative Lernformen, bei denen sich die Einzelnen mit ihren Stärken für ein gutes Gruppenergebnis produktiv in das Unterrichtsgeschehen einbringen können, werden nicht nur in der Privatsphäre, sondern auch im Bereich Schule bevorzugt.

Besonders aussagekräftig ist für diese Fragestellung die Beantwortung der Frage: Welche Werte bestimmen die Lebensorientierung der Heranwachsenden?

»Viele Freunde zu haben« ist mit einem Mittelwert von 3,57[3] (maximale Zustimmung: 4,0) an fünfter Position von 19 Items. Noch wichtiger ist den von uns befragten Schülerinnen und Schülern in der Pubertät: »Für Freunde da zu sein«. Mit einem Mittelwert von 3,68 kommt dieser Gesichtspunkt

1 K. Hurrelmann, Lebensphase Jugend. Eine Einführung in die sozialwissenschaftliche Jugendforschung, Weinheim/München ^{7}2004 (1985), S. 131.

2 Vgl. U. Böhm / M. Schnitzler, Religionsunterricht in der Pubertät. Eine explorative Studie in den Klassen 7 und 8, Stuttgart 2008, bes. S. 122–124.

3 Spektrum der Antwortmöglichkeiten: Viele Freunde zu haben ist mir unwichtig – 1. bis: Viele Freunde zu haben ist mir sehr wichtig – 4.

auf den dritten Platz. Als Kontrapunkt mittendrin und für unsere Ausgangsfrage für das Modul 3 besonders spannend: Das Item »Leben wie ich bin« landet mit 3,62 – und von Klasse 7 auf Klasse 8 leicht steigender Zustimmung – auf Position vier.

Viele Freunde zu haben ist Jugendlichen in der Pubertät wichtig, keine Frage. Für diese Freunde da zu sein, ist ihnen noch wichtiger. Treue und Zuverlässigkeit als prosoziale Tugenden stehen hoch im Kurs. Und trotz dieser Bedeutung der Freunde ist die Selbstwerdung ein gleichermaßen hochrangiges Ziel. Dass dies nicht nur eine Abkehr von Eltern und Herkunftsfamilie impliziert, deutet ein weiterer Wert an: Die Familie hat im Leben der Pubertierenden mit einem Wert von 3,57 einen nach wie vor hohen Stellenwert.

»Die meisten Studien kommen bei der vergleichenden Analyse des Sozialisationseinflusses von Eltern und Gleichaltrigen zu dem Schluss, dass die Eltern im Jugendalter ein größeres Gewicht im Bereich der Norm- und Wertorientierung und der Bildungs- und Berufaktivitäten besitzen, während die Gleichaltrigen mehr als unmittelbare alltägliche Verhaltensvorbilder im Freizeit- und Unterhaltungsbereich und beim Aufbau von Freundschaftsbeziehungen fungieren. Beide Instanzen setzen unterschiedliche Schwerpunkte. In der Regel sind die Eltern die ›Karriereberater‹, die Gleichaltrigen die ›Freizeitpartner‹.«[4]

Der hohe Zustimmungswert für das Item »Leben wie ich bin« kann somit für das Modul 3 zum Ausgangspunkt werden, zunehmend mutig zu sich selbst zu stehen und eben notfalls auch einmal in Kauf zu nehmen, anders zu sein als die anderen. Das gilt in doppelter Hinsicht: Zivilcourage lernen kann heißen, anders zu sein, als dies den Erwartungen der Eltern in den Bereichen Normen und Werte sowie Bildung und Beruf entspräche, aber auch einmal anders zu sein, als die Erwartungen der Gleichaltrigengruppe im Freizeit- und Unterhaltungsbereich nahelegen.

Gerade die staatliche Institution Schule hat die Chance, zwischen den verschiedenen Erwartungen von Eltern und Freundesgruppe zu vermitteln. Die Fächer Religion bzw. Ethik besitzen eine »natürliche« Nähe zu diesen Aspekten der Persönlichkeitsentwicklung und können einen wichtigen Beitrag zur Selbstbildung leisten, so dass junge Menschen mit Zivilcourage das gesellschaftliche Zusammenleben bereichern.

»Für die gelingende Sozialisation im Jugendalter ist deshalb ein gut abgestimmtes Zusammenspiel von Familie, Schule und Gleichaltrigengruppe wichtig. Nur so lassen sich die Kompetenzen erlernen und trainieren, die für das Leben in einer offenen, unsicheren und global vernetzten Welt hilfreich sind. Dazu gehört zunehmend das Verständnis für und die Akzeptanz von kulturellen Unterschieden.«[5]

2. Religionsdidaktische Einordnung des Moduls

Anders sein als die andern ist besonders für den Glauben wichtig.

Glauben ist eine zuallererst persönliche Sache. Auf der Suche nach eigenem Glauben gilt es eben nicht, das für richtig und wahr zu halten, was gerade »in« ist, sondern unabhängig vom aktuellen Trend eigene Glaubenswege zu finden und mutig zu beschreiten.

Sozialwissenschaftliche Studien bezeichnen Jugendliche zu Beginn des neuen Millenniums als Ego-Taktiker und charakterisieren sie folgendermaßen: »Ego-Taktikerinnen und Ego-Taktiker fragen die soziale Umwelt ständig sensibel nach Informationen darüber ab, wo sie selbst in ihrer persönlichen Entwicklung stehen. Die Lebensphase Jugend ist ein langgestreckter Abschnitt im Lebenslauf, der unklare und teilweise widersprüchliche Strukturen aufweist. Hier gilt es, das Beste aus der Situation zu machen und die vorhandenen Chancen so wahrzunehmen wie sie sich bieten.

Zur egotaktischen Grundeinstellung gehört ein Schuss Opportunismus ebenso wie eine Portion Bequemlichkeit, eine abwartende und sondierende Haltung ebenso wie die Fähigkeit, im richtigen Moment bei einer sich bietenden Chance zuzugreifen. Die ego-

4 Hurrelmann, a.a.O., S. 130 f.
5 A.a.O., S. 134.

taktische Grundeinstellung ist so gesehen die angemessene Antwort auf die Offenheit der Struktur der Lebensphase Jugend, deren Ausgang in das verantwortungsvolle Erwachsenenalter ungewiss geworden ist.«[6]

Zivilcourage ist demgegenüber das Kontrastprogramm. Ausgangspunkt ist das Eigene, nicht die Beobachtung der anderen, nicht die kluge Abwägung des eigenen Vorteils. Zivilcourage fordert das Einstehen für etwas als richtig (An-)Erkanntes auch dann, wenn es zunächst nachteilig scheint.

Schon in der Jesus-Bewegung war der Mut, gegen den Strom zu schwimmen, gefragt.

»Von da an wandten seiner Jünger viele sich ab und wandelten hinfort nicht mehr mit ihm. Da sprach Jesus zu den Zwölfen: Wollt auch ihr weggehen?

Da antwortete ihm Petrus: ›Herr, wohin sollen wir gehen? Du hast Worte des ewigen Lebens; und wir haben geglaubt und erkannt, dass du bist der Heilige Gottes.‹« (Johannes 6,66–69)

Jesus stellt seinen Jüngern frei, ebenfalls zu gehen. Er fordert eine klare Entscheidung. Über der Szene liegt eine große Spannung. Wie werden sich die Zwölf entscheiden? Was werden sie sagen? Vielleicht ist zwischen der Frage Jesu und der Antwort des Petrus einiges an Zeit vergangen. Die Zwölf ziehen eine Zwischenbilanz ihres Weges mit Jesus. Und dann kommt es heraus: das Glaubensbekenntnis des Petrus. Die anderen schließen sich an – und die Jesus-Bewegung geht weiter: eine kleine, aber entschiedene Truppe, die Gottes neue Welt ins Land trägt.

»Die Frage, die zur Entscheidung zwingt, führt die einen zum Neinsagen und Unglauben, für die anderen aber, die sich für ihn entscheiden, ist diese Frage eine große Chance. Denn Entscheidungen führen das Leben in eine größere Tiefe und verleihen ihm Gewicht. Jede neue Entscheidung für Jesus Christus lässt den Glauben tiefer und stärker werden. Deshalb müssen solche Entscheidungen sein, denn sie dienen dem inneren persönlichen Wachstum.«[7]

In der Kirchengeschichte gab es immer wieder gesellschaftliche Konstellationen, in denen Zivilcourage für das Überleben des christlichen Glaubens besonders wichtig wurde, denn es kommt ein Punkt, an dem Anpassung an gesellschaftliche Trends einer Selbstaufgabe gleichkäme und Widerstand geboten ist, selbst wenn dieser mit erheblichen persönlichen Nachteilen verbunden sein sollte. Ein besonders prominentes Beispiel ist Dietrich Bonhoeffers Widerstand zur Zeit des Dritten Reiches. 1943, zehn Jahre nach der Machtübernahme Hitlers, schreibt er kurz vor seiner Verhaftung bilanzierend: »Zivilcourage kann nur aus der freien Verantwortlichkeit des freien Mannes erwachsen. Die Deutschen fangen erst heute an zu entdecken, was freie Verantwortung heißt. Sie beruht auf einem Gott, der das freie Glaubenswagnis verantwortlicher Tat fordert und der dem, der darüber zum Sünder wird, Vergebung und Trost zuspricht.«[8]

Zivilcourage impliziert folglich die Bereitschaft zur Verantwortungsübernahme sowie zum Schuldigwerden. Gewiss nicht in dieser gesellschaftlichen Schärfe, aber dennoch als christliche Grundtugend unverzichtbar, gibt es auch für Jugendliche heute religiöse Entscheidungssituationen, Situationen, in denen es in Bezug auf ihre religiösen Einstellungen und Werthaltungen zu einem »status confessionis« kommt: Dann bleibt nur, ein Ja oder ein Nein zu sagen. Schweigen ist nicht (mehr) möglich. Das persönliche Bekenntnis ist für (christlichen) Glauben unverzichtbar.

Zivilcourage lässt sich in anderen Lebensbereichen erwerben, zum Beispiel im Einsatz für eine gerechtere Welt oder für den Erhalt unserer natürlichen Lebensgrundlagen. Einmal als Haltung angeeignet, kann sie sich auf Glaubensfragen übertragen. Glauben ist eben nicht nur eine persönliche Sache, sondern kann an der einen oder anderen Stelle zur öffentlichen Angelegenheit werden, zum Beispiel wenn ein Mitschüler wegen seiner Glaubenshaltung verspottet wird. Religiöse Toleranz als Basis eines guten Miteinanders in einer multikulturellen und multireligiösen Gesellschaft fordert den Einsatz für die religiösen Rechte von Minder-

---

6 14. Shell Jugendstudie: Jugend 2002, Frankfurt a.M. ^{4}2004 (2002), S. 33.

7 M. Schniertshauser, In die Entscheidung gestellt, in: Mit der Bibel durch das Jahr 2006, Stuttgart 2005, S. 209.

8 D. Bonhoeffer, Widerstand und Ergebung, München ^{10}1978 (1951), S. 13.

heiten, auch dann, wenn ich deren Ansichten nicht teile.

Zivilcourage zu lernen, ist in der religiösen Bildung – vor allem der Gewissensbildung[9] – unverzichtbar, um eine gewisse Reife zu erlangen. Selbstwerdung, die Ausbildung von Werten und Normen, denen sich das Gewissen verpflichtet fühlt, sowie die Generierung von Glaubensüberzeugungen und das Stehen dazu sind zwei Seiten einer Medaille.

»Zum Status einer selbstbewussten Subjektivität gehört [...], dass sie sich nicht zum Spielball objektiver Mächte wie z.B. vorgängiger Moralismen machen lässt, sondern den von Gott ihr verheißenen Mut und die qua Rechtfertigung gegebene neue Lebenskraft zur Selbstgestaltung ihres Lebens produktiv als Selbstbildung umsetzt.«[10]

In der Pubertät werden die Grundlagen für eine selbst verantwortete Ethik und Glaubenshaltung gelegt. Das Modul 3 zum Thema Zivilcourage kann für die Schülerinnen und Schüler in der Pubertät zu einem Baustein auf dem Weg zu einer religiös reifen Persönlichkeit werden, die sich traut, den Mitmenschen unbequem zu werden und den möglichen öffentlichen Widerstand nicht zu fürchten.

»Lasst uns dem Gerechten auflauern! Er ist uns unbequem und steht unserem Tun im Weg. Er wirft uns Vergehen gegen das Gesetz vor und beschuldigt uns des Verrats an unserer Erziehung. Er rühmt sich, die Erkenntnis Gottes zu besitzen, und nennt sich einen Knecht des Herrn. Er ist unserer Gesinnung ein lebendiger Vorwurf, schon sein Anblick ist uns lästig; denn er führt ein Leben, das dem der anderen nicht gleicht, und seine Wege sind grundverschieden.«
(Weisheit 2,12–15)

Ein junger Mensch mit Zivilcourage wird anderen schnell unbequem und lästig, damals wie heute. Ein junger Mensch mit Zivilcourage ist alles andere als ein Ego-Taktiker. Gerade solche Menschen braucht unsere Welt. Religiöse Bildung kann Heranwachsende in der Pubertät stärken, zu eben solchen zwar unbequemen, aber mutigen Menschen zu werden.

Literaturhinweise

LÜNSE, D. / ROHWEDDER, J. / BAISCH, V.: Zivilcourage. Anleitung zum kreativen Umgang mit Konflikten und Gewalt, Münster ³2001

STEINWEDE, D. (Hg.): Abel steh auf. Geschichten zur Zivilcourage, Stuttgart 2002

Deutscher Koordinierungsrat der Gesellschaften für Christlich-Jüdische Zusammenarbeit, Gewalt, Rassismus und Zivilcourage unter Kindern und Jugendlichen, Frankfurt a.M. 2002 (epd-Dokumentation)

WIEGMANN, S.: Rechtsextremismus – was heißt das eigentlich heute? Über Rechtsextremismus, Rassismus und Zivilcourage. Prävention für Schule und Bildungsarbeit, Frankfurt a.M. 2003

MEYER, G. / DOVERMANN, U. / FRECH, S. / GUGEL, G. (Hg.): Zivilcourage lernen. Analysen – Modelle – Arbeitshilfen, Tübingen 2004

9 Nach psychoanalytischer Auffassung »explodiert« die Gewissensbildung in der Pubertätsphase, d.h. sie macht in dieser Lebensphase entscheidende Fortschritte oder bleibt eben zurück. Wichtig ist dabei die Dialektik von Lust und Realität, die in einen gewissen Ausgleich zu bringen ist. Zwischen Lust- (ES) und Realitätsprinzip (ÜBER-ICH) bildet sich gemäß tiefenpsychologischer Sicht das Gewissen. »Wo Es war, soll Ich werden!« Darin besteht für Sigmund Freud die Aufgabe des Pubertätsalters.

10 G. Lämmermann, Religionsdidaktik, Stuttgart 2005, S. 255.

3. Perspektiven der Thematik nach den sieben Dimensionen des Bildungsplans 2004 (BW) für Evangelische Religionslehre

Mensch

- entwickeln Ideen zur Gestaltung ihres Lebens, schätzen ihre Möglichkeiten realistisch ein und sind sich der Veränderbarkeit ihrer Lebensentwürfe bewusst (HS 9)
- können wahrnehmen und beschreiben, dass Menschen auf Beziehung und Bestätigung angewiesen, zugleich aber auch verführbar sind (G 8)

Welt und Verantwortung

- wissen, dass sie immer ein Teil der Gemeinschaft und mit ihrem Handeln für sich und andere verantwortlich sind (HS 9)
- kennen christliche Normen für das Handeln der Menschen und können sie auf Alltagssituationen beziehen (RS 8)
- können Beispiele von Ungerechtigkeit beschreiben und nach deren Ursachen und Folgen fragen (G 8)

Religionen und Weltanschauungen

Thema

Zivilcourage lernen!

Kirche und Kirchen

- können wichtige Personen der allgemeinen Kirchengeschichte (Kirche im Nationalsozialismus: D. Bonhoeffer) nennen (HS 9)

Bibel

- können eigene Gedanken zu biblischen Aussagen äußern und durch vielfältige kreative Auseinandersetzung die Bedeutung für sich klären (HS 9)
- können sich mit biblischen Geschichten auf vielfältige Weise auseinandersetzen (RS 8)

Jesus Christus

Gott

- verfügen über Möglichkeiten, Gott in unterschiedlichen Lebenssituationen anzusprechen und ihre Erfahrungen in spirituellen Formen auszudrücken (z.B. Segnen) (HS 9)
- kennen die Geschichte eines Menschen (Johannes der Täufer), der sein Leben im Vertrauen auf Gott gestaltet (RS 8)

4. Die Bausteine

A. ***Kompakte Religionstage***

◘ **BAUSTEIN 1:**	**Anders als die anderen?**	ca. 2,5 Zeitstunden	**M 1–5**
◘ **BAUSTEIN 2:**	**Sag nein!**	ca. 2 Zeitstunden	**M 6–8**
◘ **BAUSTEIN 3:**	**Mutig zum Glauben stehen**	ca. 2 Zeitstunden	**M 9–13**

B. ***Das Modul im »normalen« Religionsunterricht*** ca. 8 Unterrichtsstunden **M 9–13**

Dieses Modul fand in Form von außerschulischen Projekttagen zweier 8. Klassen statt, deren Verlaufsplanung im Folgenden exemplarisch wiedergegeben ist. Im Anschluss werden die einzelnen Bausteine des Moduls erläutert.

Verlaufsplanung der beiden Projekttage Religion (Beispiel)

Mut zum Neinsagen – Mut zum Einsatz für andere
Erlebnistage Religion in der Dobelmühle (bei Aulendorf)

Der Religionsunterricht im achten Schuljahr ist im Stundenplan nicht ausdrücklich ausgewiesen. Er setzt sich zusammen aus den Andachtszeiten im Laufe des Schuljahres (ca. 16 Std.) und den beiden Erlebnistagen Religion (ca. 16 Std.).

PROGRAMM

– 1. Tag –

9:52	Ankunft in Aulendorf
10:00–12:00 Uhr	Gang von Aulendorf nach Steinenbach (ca. 4 km südwestlich) zur Dobelmühle (Das Gepäck wird abgeholt.) Aufteilung und Bezug der Zimmer
12:30–13:30 Uhr	Mittagessen (ggf. Tisch- und Spüldienst)
13:30–15:00	Mittagspause Rundgang in der Dobelmühle (Hausleitung) Erkundung des Geländes – Gelegenheit zu (Ball-)Spielen
15:00–18:00 Uhr	**Thematischer Block 1: Anders sein als die anderen?** • Interaktionsspiele: z.B. in? – out? (Beliebtheitsbarometer; Plenum) • Warum will ich »in« sein? Wann macht es mir nichts aus, »out« zu sein? (Gruppenarbeit mit Auswertung in der Klasse) • Filme: »Die Loosers« und »Bin ich nicht schön?« • Diskussion der beiden Filme • Das Recht, ein anderer zu sein! • Das biblische Beispiel: Johannes der Täufer
18:00–20:00 Uhr	Abendessen (ggf. Tisch- und Spüldienst) und Ballspiele
20:00–22:00 Uhr	**Thematischer Block 2: Sag nein!** • Interaktionsspiele: z.B. Mammutjagd • Erfahrungen mit dem Neinsagen? • Zivilcourage in der Schule – eine Erzählung/Dilemmageschichte • Kreative Ausgestaltung zur Erzählung: Szenisches Spiel – Standbild – Fortsetzungsgeschichte – Schreibwerkstatt • Präsentation der Ergebnisse • (Tagesabschluss-) Andacht freiwillig: Nachtfilm: »Der Warter«
23:00 Uhr	Nachtruhe

	– 2. Tag –
8:00 Uhr	Frühstück
9:00–12:00 Uhr	**Thematischer Block 3: Mutig zum Glauben stehen?!** • Ein Beispiel aus der Kirchengeschichte: Dietrich Bonhoeffer • Zum (eigenen) Glauben stehen – heute? • Gott mehr gehorchen als den Menschen? (Apostelgeschichte 4,1–22) • Schreibgespräche mit Petrus und Johannes verfassen • Produkte vortragen • Was stark macht! – Christliche Normen als Hilfe zum Leben • Segensgebet
12:00–14:00 Uhr	Mittagessen als Lunchpaket Sachen einpacken /Zimmer aufräumen
13:30	Busfahrt zum Bahnhof
14:03	Abfahrt Aulendorf

Die Bausteine im Einzelnen

❑ BAUSTEIN 1: Anders sein als die anderen? (ca. 2,5 Std.)

evtl. Hinführung zum Thema durch Karikaturen (**M 1**)

▶ **Bildbetrachtung/Vorwissen**
(Plenum – 20 Min.)
- Johannes der Täufer (Ausschnitt Isenheimer Altar, **M 2**): Beschreibe diesen Mann!
- Welche biblische Person könnte dargestellt sein? Elia? Amos?
- Was ist an »Johannes dem Täufer« anders? Was ist ähnlich wie bei seinen Zeitgenossen?
- Erzählung zu Johannes der Täufer (vgl. G. Theißen, Der Schatten des Galiläers, München ^{4}1987, Kap. 6: »Ein Mord und seine Analyse«, S. 69–82)
- Anders sein einst – heute (vgl. Karikaturen-Hinführung)

▶ **Persönlichkeitsbarometer**[11]: Ich und die anderen
a) (klassenweise oder: geschlechterdifferenziert – 40 Min.) (**M 3**) (**L**)
  - Jede/r nimmt sich eine Aussage, liest sie laut vor und ordnet sie auf dem am Boden markierten Barometer ein (zwischen +2 und –2)
  - Wichtig für den ersten Durchgang: Die Frage lautet: Was denken – vermutlich – die anderen Jugendlichen? Die Einschätzung (»man«) ist gefragt, nicht die persönliche Meinung (»ich«)!
  - Alle schauen sich das Barometer mit den zugeordneten Aussagen an. (Stille!)
  - Welche Aussage hätte ich ganz anders eingeordnet?
  - Diskussion einiger strittiger Zuordnungen
  - Welche drei Aussagen sind für uns (als Jugendliche) heute absolut zutreffend? (mega-in)?
  - Welche drei Aussagen sind völlig daneben? (mega-out)?

b) Plenum: Vergleich der drei Top-Aussagen in den Teilgruppen der Klasse(n)

✻ Pause (10 Min.) ✻

11 Vgl. Gewaltbarometer (**M 2**) (**L**) in Modul 4 (S. 121 bzw. 128 in diesem Band).

▶ Kurzfilme

(Plenum – Kleingruppe; ca. 60 Min.)

- »Die Loosers« (11 Min.), Kurzspielfilm von Michael Karren, Deutschland 1986 (Matthias Film)
- »Bin ich nicht schön?« (22 Min.), Dokumentarfilm von Petra Cyrus, Deutschland 2000 (Matthias Film)
- Besprechung der Filme in *geschlechtsspezifischen* Kleingruppen (4 Personen) anhand von Leitfragen (**M 4**)
- Ergebnisse der Filmanalysen sich gegenseitig vorstellen (4 Mädchen + 4 Jungen)

▶ Johannes der Täufer, ein »Aussteiger« als Vorbild?

(Plenum – 20 Min.)

- Johannes der Täufer (Gesamtbild Isenheimer Altar, **M 5a**)
- Unrecht mutig aufdecken (z.B. die ungesetzliche Heirat des Königs Herodes)
- Auf das Heil in Christus hinweisen (»Er muss wachsen, ich aber muss abnehmen!« Johannes 3,30)
- »Wilder Mann« als jugendliches Übergangsstadium

  Vgl. Anselm Grün, Kämpfen und lieben. Wie Männer zu sich selbst finden, Münsterschwarzach [2]2003, S. 153–158. Das Kapitel über Johannes den Täufer ist lediglich als Hintergrundinformation für die Lehrkraft gedacht und kann gerade aus Jungenperspektive interessante tiefenpsychologische Aspekte in der Figur des Johannes entdecken helfen. Übersicht: **M 5b** (**L**)

◘ BAUSTEIN 2: Sag nein! (ca. 2 Std.)

▶ Interaktionsspiel: z.B. Mammutjagd

(klassenweise – 30 Min.) (**M 6a**) (**L**)

- Spiel erklären: Fünf Jäger versuchen möglichst viele Teile aus dem »Klassen-Mammut« herauszutrennen. Jäger und Mammut beraten getrennt ihre Strategien. Das Klassen-Mammut darf drei Regeln aufstellen, die die Jagd einschränken.
- Regeln aufstellen (Die »Teile des Mammuts« dürfen drei Regeln aufstellen, was für die Jäger nicht erlaubt ist! Ggf. für alle sichtbar auf einem Flipchart notieren.)
- Spiel durchführen (wichtig: Eine Person im Mammut darf »Stopp« sagen und eine neue Regel aufstellen)
- Spiel auswerten: Erfahrungen mit dem Nein-Sagen: Wie ist es, wenn ich anderen (den Jägern) Grenzen setze? Wie geht es mir, wenn ich (als Jäger) in meinen Möglichkeiten beschränkt werde? Wie kommt es zu einem gerechten Ausgleich: keine unfairen Attacken, aber auch noch ausreichend Chancen für die Jäger?) → Was muss beim Nein-Sagen beachtet werden?

Alternativ:

- Zivilcourage: ein Selbsttest (**M 6b**)
- Zivilcourage: Was hindert? Was hilft? (**M 6c**)

▶ Zivilcourage in der Schule

(Plenum / arbeitsteilige Gruppen: 4–6 Personen; 50 Min.)

- Renate Schupp: »Das nächste Mal bestimmt« (Dilemmageschichte, **M 7a**) Vortrag der Erzählung bis zur Entscheidungssituation
- Wie könnte es weitergehen? Kreative Fortsetzungen der Dilemmageschichte: ein szenisches Spiel gestalten – ein Standbild stellen – eine Fortsetzungsgeschichte schreiben – ein Gedicht (nach einer Vorlage von W. Borchert) verfassen (**M 8**)
- Wolfgang Borchert, »Dann gibt es nur eins«...
- Präsentation der Ergebnisse
- Vortrag des Schlusses der Autorin (**M 7b**) (**L**)

▶ **Nacht-Film: »Der Warter«**
(30 Min.), Kurzspielfilm von Christian Erhardt, Deutschland 2001 (Katholisches Filmwerk, Frankfurt a. M.)
- Film gemeinsam anschauen (15 Min.)
- Film besprechen:
  In welchen Szenen »wartet« Bene und traut sich nicht, nein zu sagen? (Titel)
  Warum fällt ihm das Nein-Sagen so schwer?
  Traut sich Bene am Ende des Films, einen eigenen Weg zu gehen? (Umkehr nur in der Fantasie(!); Symbol: überfahrener Frosch? Märchen vom Froschkönig?)
- Andacht (Plenum, 10 Min.)
  »Der zwölfjährige Jesus im Tempel« (Lukas 2,41–52)

❏ BAUSTEIN 3: Mutig zum Glauben stehen (ca. 2 Std.)

• Zivilcourage heute?
(Plenum; 20 Min.)
- Impulsfrage: Wann wäre es für Max in der Erzählung von Renate Schupp, die wir gestern Abend erarbeitet haben, wichtig gewesen, nein zu sagen? (Anknüpfung)
- Gibt es andere Situationen, in denen Jugendliche heute lernen müssen, mutig nein zu sagen? (Sammlung am Flipchart)
- Clemens Bittlinger: »Macht ist nur die Angst der andern« (genau hinhören!)(**M 9**)
- Vgl. »Tod nach Bahnfahrt: Soko U4 sucht zwei Jugendliche« (**M 10**)
- Ggf. Lied (mit Text) noch einmal hören

▶ **Warum nein sagen?**
(Plenum; 40 Min.)
▷ Zivilcourage in *demokratischen* Gesellschaften ↔ Zivilcourage in *Diktaturen*
▷ Vorwissen: Dietrich Bonhoeffer
▷ Achtet im folgenden Filmausschnitt (Die letzte Stufe. Ausschnitt: Filmanfang bis Unternehmen 7 bis zum Ausspruch der jüdischen Frau: »So viele Lügen, so viele Täuschungen. Riskieren Sie nicht Ihre Seele, um die Schlacht zu gewinnen!«, ca. 20 Min.), darauf, warum Dietrich Bonhoeffer in verschiedenen Situationen »nein« sagt – und wann er »ja« sagt (**M 11**).
▷ Auswertungsgespräch (Formen des Widerstands im Dritten Reich) (**M 12** [**L**] Retterinnen und Retter von Juden im Dritten Reich – Versuch einer Typisierung. Das M kann als Übersichtsfolie im Auswertungsgespräch verwendet werden oder als Hintergrundinformation für die Lehrkraft. Ziel sollte lediglich sein, Bonhoeffer hier aufgrund des Gesehenen einordnen zu können und das Spektrum von Widerstandsformen im Dritten Reich zu erfassen.)

▶ **Gott oder ...? – Ein biblischer Lernzirkel**
(Einzelarbeit; 45 Min.)
▷ Widerstand/Zivilcourage/Nein-Sagen in der Bibel – ein Lernzirkel mit acht Stationen (**M 13**). Drei biblische »Neinsag-Stationen« als Pflicht und eine von vier Kreativ-Stationen. Leitfrage:
Welche Gründe nennt die Bibel, um in bestimmten Situationen zu einem mutigen Nein herauszufordern? *Gemeinsam*: Mt 6,24 (Station 1) Gott oder ...? »der Mammon«/Geld- und Profitsucht; Einzelarbeit: Station 2–4 und eine Kreativstation 5–8.
▷ »God/Jesus first!« – Biblische Forderungen zur Eindeutigkeit
(Zusammenfassung/Ergebnissicherung im Plenum: Station 2–4 sowie Präsentation der Ergebnisse zu den Kreativstationen 5–8; **M 14** [**L**])

▶ (Persönliches) **Segnungsgebet**
(in vier geschlechtsspezifischen Gruppen; 15 Min.) (**M 15**)
(vgl. auch Modul 1, **M 19**) (**L**)

Alternative zur außerunterrichtlichen Kompaktveranstaltung:

Sicher ist es sinnvoll und wünschenswert, dieses Modul als kompakte außerunterrichtliche Klassenveranstaltung durchzuführen. Das intensiviert die thematische Auseinandersetzung der Schülerinnen und Schüler mit dem Thema »Zivilcourage«. Dennoch haben wir in einer Klasse 9 dieselbe Einheit im Rahmen des ganz normalen Religionsunterrichts ausprobiert.

Dabei ergaben sich allerdings Akzentverschiebungen, zum Teil weil eine durchgängige Beschäftigung wie bei einer außerunterrichtlichen Kompaktveranstaltung nicht möglich war, zum Teil, weil noch einmal andere Facetten der Thematik zum Tragen kommen sollten:

1. Stunde
Zivilcourage – ein Selbsttest (mit Auswertungsgespräch)
»Wie verhalte ich mich, wenn ...?«
Fünf schulische Alltagssituationen, die Zivilcourage erfordern (**M 6b**)

2. Stunde
Zivilcourage – Was hindert? Was hilft?
Eigenes Nachdenken – Gruppengespräch – Klassendiskussion
Unsere Ergebnisse
Das hindert am meisten: Gehorsam, eine niedrige eigene soziale Position und Angst
Das hilft am meisten: Mitgefühl, stark ausgeprägtes eigenes Gewissen und Konfliktfähigkeit (**M 6c**)

3. und 4. Stunde
Johannes der Täufer, ein Mann mit Zivilcourage
Arbeitsteilige Aufarbeitung von Bibelstellen zu Lebenssituationen des Johannes
Rückbezug zum Thema Zivilcourage verdeutlichen (vgl. auch Baustein 1, bes. **M 5b [L]**).

5. Stunde
Zivilcourage im Dritten Reich
Kapitel aus »Damals war es Friedrich« von Hans Peter Richter:
»Im Schwimmbad« (S. 66–74)[12]
Vortrag des Kapitels – Diskussion: Inwieweit hat der Ich-Erzähler als Freund in dieser Szene »versagt«? – Was kann/muss jedoch zu seiner Verteidigung gesagt werden? (Hintergrundwissen) – Zivilcourage einst und heute

6. und 7. Stunde
Kirchenmänner mit Zivilcourage? – Dietrich Bonhoeffer
Filmausschnitte des Films »Die letzte Stufe« (s.o. Baustein 3)
Auswertung im Blick auf geglückte bzw. gescheiterte Zivilcourage (**M 11**)

8. Stunde
Klassenarbeit zum Modul (**M 16 [L]**)

5. Materialien

12 dtv junior, ^{36}2010.

M 1

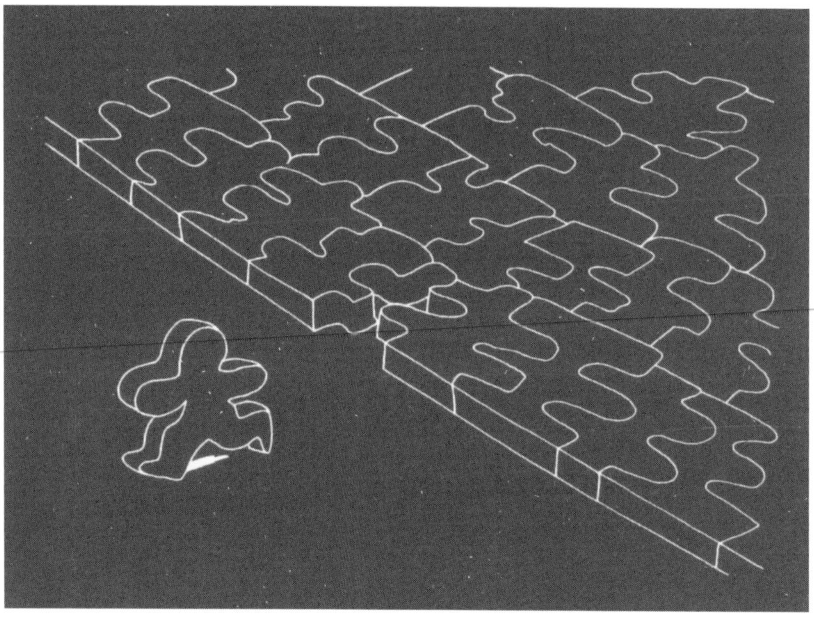

Zeichnung: H. Langer

M 2

Matthias Grünewald, Kreuzigung, aus dem Isenheimer Altar (um 1515) Bildausschnitt: Johannes der Täufer

◆ *Abbildung farbig auf S. 160*

»In«? – »Out«?

Persönlichkeitsbarometer:

ICH und die anderen

Wertungsskala:

»trifft genau zu«
(+ 2)

»trifft weitgehend zu«
(+ 1)

»trifft eher nicht zu«
(– 1)

»trifft überhaupt nicht zu«
(– 2)

Beispiele für Aussagen:

- Mit meinen Eltern fliege ich für zwei Wochen auf die Kanarischen Inseln, um dort mit ihnen Urlaub zu machen.
- Ich plane mit meinen Freunden ein Campingwochenende am Bodensee.
- Wenn ich persönliche Probleme habe, frage ich meine Eltern um Rat.
- Nur die beste Freundin / den besten Freund bitte ich bei Problemen um Rat und Hilfe.
- Ich stehe nicht gerne im Mittelpunkt und verhalte mich in der Klasse eher unauffällig.
- Ich betone gerne meine Eigenarten, und es macht mir nichts aus, wenn andere anderer Meinung sind!
- In unserer Clique ist anerkannt, wer sich unseren Erwartungen anpasst.
- In unserer Clique ist anerkannt, wer querdenken kann und eigenständige Ideen in die Gruppe einbringt.
- Familienfeste wie der Geburtstag meiner Oma sind »tödlich«. Ich versuche mich – so gut es geht – abzuseilen.
- Der Geburtstag meiner Oma ist mir wichtig. Ich überlege mir ein schönes Geschenk für sie, weil ich weiß, wie sehr sie mich mag.
- Ich würde lieber heute als morgen bei meinen Eltern ausziehen. Sie sind so spießig.
- Eigentlich finde ich meine Eltern super. Ich kann immer noch eine ganze Menge von ihnen lernen.
- Ich gehe in die Jugendgruppe unserer (Kirchen-) Gemeinde, weil ich mich unter Gleichaltrigen sicher und geborgen fühle.
- In der kirchlichen Jugendgruppe fühle ich mich wohl, weil uns gleiche Ziele wichtig sind.

- Durch Kleidung und Haare sollte ein junger Mann deutlich machen, wie er über das Leben denkt.
- Bei Jungen sind Kleidung und Haare unwichtig, entscheidend sind ihre inneren Werte.
- Eine junge Frau, die viel Wert auf Kosmetika legt, finde ich aufgedonnert und unnatürlich.
- Junge Frauen sollen attraktiv aussehen. Selbst schuld, wer der Schönheit nicht ein wenig nachhilft.
- Für Markenklamotten gebe ich schon mal 50 Euro mehr aus.
- An Markenklamotten verdienen nur Werbung und Handel. Mein Selbstbewusstsein hängt nicht an irgendwelchen Labeln/Markenzeichen.
- In meiner Clique mache ich manchmal Sachen mit, die ich alleine nicht tun würde (z.B. rauchen, mich betrinken, Drogen ausprobieren oder Sachen klauen).
- Wenn sich jemand in der Gruppe über meinen Freund lustig macht, stelle ich ihn vor allen zur Rede.
- Was meine Freunde über mich denken, ist mir sehr wichtig. Deshalb haben sie Einfluss auf mein Verhalten.
- Letztlich ist es mir egal, was meine Freunde über mich denken. Wichtig ist, dass etwas zu mir passt. Das tue ich dann auch.
- Wenn andere mich nicht beachten, fühle ich mich gekränkt.
- Ich kann mir schon vorstellen, noch lange bei meinen Eltern zu wohnen. Es ist einfach praktisch.
- Damit ich schlank bleibe bzw. werde, verzichte ich auf einiges und treibe Sport.
- Ob jemand schlank oder dick, attraktiv oder unauffällig ist, spielt für mich keine Rolle. Entscheidend sind die inneren Werte eines Menschen.
- Wenn jemand mit mir befreundet ist, erwarte ich, dass ich mich ganz auf ihn/sie verlassen kann.
- Wenn Liebe zwischen einem Jungen und einem Mädchen wachsen soll, dann gilt es, Zärtlichkeit füreinander zu entwickeln.
- Ich bin gerne für mich allein und brauche die anderen nicht!
- Nur wenn ich oft mit Freunden zusammen bin, merke ich, welche Besonderheiten mich als Person ausmachen.
- Beruflicher Erfolg ist mir im Blick auf meine Zukunft wichtiger als alles andere.
- Ich träume davon, einmal gemeinsam mit meinem Ehepartner eine Familie zu gründen.
- Wer im Sport erfolgreich ist, kommt bei den anderen gut an.
- Meine Freunde haben ähnliche Vorlieben und Interessen wie ich.
- Mich beeindrucken Jugendliche, die ganz anders sind als ich.
- Wenn meine beste Freundin/mein bester Freund sich über mich lustig macht oder ein Geheimnis ausplaudert, dann beende ich die Freundschaft sofort.
- Wenn meine beste Freundin/mein bester Freund sich über mich lustig macht oder ein Geheimnis ausplaudert, dann gebe ich unserer Freundschaft trotzdem noch eine Chance.
- ...

M 4

Fragen zu den Kurzfilmen

A. Fragen für die Gruppenarbeit (vier Jungen) zum Kurzfilm »Die Loosers«

1. Welcher Filmheld könnte für dich ein Vorbild sein:
   - ☐ Arnold Schwarzenegger?
   - ☐ Rambo?
   - ☐ Indiana Jones?

   ✎ Begründe deine Entscheidung.

   ___
   ___
   ___

2. Der Film hat den Titel »Die Loosers«.
   ✎ Wieso und in welchem Sinne sind die Jugendlichen im Film Verlierer?

   ___
   ___
   ___

3. »Ich möchte sein wie ...«.
   Diskutiert über den Sinn und Unsinn von Vorbildern.

B. Fragen für die Gruppenarbeit (vier Mädchen) zum Kurzfilm »Bin ich nicht schön?«

1. Vergleiche die Model-Karriere der drei jungen Leute
   - ☐ Sebastian
   - ☐ Anika
   - ☐ Caroline

2. In den Aussagen welches Models findest du dich am ehesten wieder?
   ✎ Begründe.

   ___
   ___
   ___

3. Dagmar Puls, die Inhaberin des Mannequin-Studios, sagt:

   »Schön sein ist für ein Model wichtig, aber Schönheit ist nicht alles. Entscheidend ist, dass ein Model entspannt ist.«

   ✎ Suche andere Begriffe für »entspannt sein«.

   ___
   ___
   ___

   ✎ Wie kann es gelingen, dass ein solches Entspanntsein entsteht?

   ___
   ___
   ___

M 5a

Johannes der Täufer – ein Vorbild?

Matthias Grünewald, Kreuzigung, aus dem Isenheimer Altar (um 1515)

◆ *Abbildung farbig auf S. 160*

M 5b (L) Johannes der Täufer: Ein biblisches Beispiel für Zivilcourage

Lebenssituation	Bibelstelle	Konsequenz für das Erlernen von Zivilcourage?
Johannes zieht sich in die Einsamkeit der Wüste zurück.	Lukas 3,1	Keine Angst vor dem Alleinsein haben!
Er trägt einfachste »Natur«kleidung.	Matthäus 3,4a	Mut zum Unkonventionellen/ Unüblichen/Bescheidenen!
Johannes ernährt sich von dem, was er gerade vorfindet.	Matthäus 3,4b und Lukas 1,15	Verzicht im Nebensächlichen setzt Kräfte frei fürs Wesentliche!
Er sagt den zu ihm kommenden Menschen mutig gerade auch Unangenehmes. (Bußpredigt!)	Matthäus 3,7–11	Wer anderen nach dem Mund redet und sich nicht traut, sich auch mal unbeliebt zu machen, wird selten »nein« sagen.
Johannes weist von sich weg auf Jesus hin.	Johannes 1,20 und 3,30	Es ist mutig, die höhere Bedeutung eines Konkurrenten offen zuzugeben und sich selbst unterzuordnen.
Er schreckt nicht davor zurück, das begangene Unrecht des Königs Herodes öffentlich anzuprangern.	Matthäus 14,3–5	Gerade vor großen Namen darf, wer Zivilcourage lernen will, nicht zurückschrecken.
Johannes zeigt seinen Jüngern seine eigene Unsicherheit.	Matthäus 11,2–4	Eigene Unsicherheit vor anderen eingestehen zu können, ist ehrlich und letztlich ein Zeichen innerer Stärke.

M 6a (L) Sag nein! – Regeln zum Mammutspiel

Etwa 20 Schüler/innen bilden das Mammut und fünf spielen die Mammutjäger, die beiden Lehrer/innen sind Schiedsrichter. Ziel des Spieles: Die Mammutjäger versuchen, Personen aus dem Mammut »herauszulösen«.

✗ Ablauf: Die Schüler/innen im Mammut dürfen vor Spielbeginn drei Regeln aufstellen, was den Jägern verboten ist. Die Lehrkraft notiert diese gut sichtbar auf einem Flipchart.
Im Verlauf des Spiels kann ein/e Spieler/in im Mammut »Stopp!« sagen und eine neue Regel aufstellen, die ebenfalls notiert wird.

Beispiel für mögliche Spielregeln einer ersten Lerngruppe

1. Nicht kitzeln!
2. Niemanden verletzen!
3. Nicht ins Mammut reinspringen!
4. Nicht zwicken!
5. Das Mammut darf nicht mit den Füßen die Jäger treten.

Wichtig:
Wer sich als Jäger oder als Teil des Mammuts nicht an die vereinbarte Regel hält, muss ausscheiden.

Beispiel für mögliche Spielregeln einer zweiten Lerngruppe

1. Nicht kitzeln!
2. Nicht schlagen!
3. Nicht ziehen!
4. Nicht rammen!
5. Keine Füße wegziehen.
6. Nicht zwicken!
7. Nicht draufhüpfen!
8. Nicht die Hosen ausziehen!

Gefahr:
Sind die Beschränkungen für die Jäger zu rigide, haben diese (fast) keine Chance. Deshalb ist es wichtig, Regeln zu vereinbaren, die beiden eine faire Chance lassen.

Zeit:
Reine Spielzeit zwischen 5 und 10 Minuten (nicht mehr!)

Ziel:
Die Jäger versuchen, so viele Teile wie möglich aus dem Mammut herauszulösen

M 6b

Zivilcourage: ein Selbsttest

Wie reagiere ich, wenn ...

1. ... ein Lehrer einen Schüler unfair behandelt? (anschreit/lächerlich macht/demütigt)

2. ... ein Mitschüler mit seinem Roller/Moped auf dem Schulhof herumrast?

3. ... in der großen Pause in einer Schülergruppe über einen abwesenden Mitschüler herabsetzend geredet wird?

4. ... ein Freund ein Tier quält?

5. ... in der Fünf-Minuten-Pause eine Schülergruppe auf einen Einzelnen einschlägt?

M 6c Zivilcourage – Was hindert? Was hilft?

- ❍ Vorbilder haben
- ❍ Eindeutigkeit der Situation
- ❍ Hilfsbedürftigkeit des anderen
- ❍ Soziale Kompetenzen (z.B. Einfühlungsvermögen)
- ❍ Übernahme von Verantwortung
- ❍ Räumliche Nähe mit der hilfsbedürftigen Person
- ❍ Selbstsicheres Auftreten
- ❍ Mitgefühl
- ❍ Konfliktfähigkeit
- ❍ Selbstsicherheit
- ❍ Positive Einschätzung der eigenen Stärke
- ❍ Bereitschaft, persönliche Nachteile in Kauf zu nehmen
- ❍ Starke Ausprägung des eigenen Gewissens
- ❍ Erziehung, die die eigene Meinung fördert
- ❍ Gehorsam
- ❍ Gleichförmigkeit im Denken
- ❍ Hohe soziale Position
- ❍ Niedrige eigene soziale Position
- ❍ Angst
- ❍ Rückhalt in der eigenen Familie
- ❍ ???

✗ Wählt sechs der vorhandenen Aussagen aus, die eurer Meinung nach Zivilcourage besonders fördern, und anschließend sechs, die Zivilcourage behindern. Bildet jeweils eine Rangfolge von 1 bis 6!

M 7a »Das nächste Mal bestimmt«

Die Mutter ließ die Zeitung sinken und schüttelte den Kopf. »Ich kann's nicht glauben«, sagte sie. »Hier steht, dass zwei Drittel aller Kinder in der Schule schon einmal gemobbt worden sind.«

Die Kinder sahen von ihrem Morgenmüsli auf.

»Was ist das – gemobbt?«, fragte Lenchen.

»Wenn jemand von den anderen ohne Grund ausgelacht, geärgert, gepiesackt, gequält wird«, erklärte die Mutter.

»Oder gehauen«, ergänzte Melanie.

»Aber das ist doch nichts Neues«, sagte der Vater. »Mobbing hat es schon immer gegeben. Man hat es früher nur anders genannt.«

Mit einem Seufzer faltete die Mutter die Zeitung zusammen und legte sie neben sich auf die Eckbank. Die Kinder senkten wieder die Köpfe über ihre Müsli-Teller. Eine Weile hörte man nichts als die vertrauten Frühstücksgeräusche.

Plötzlich legte Max den Löffel weg, setzte sich zurück und sagte: »In unserer Klasse wird auch einer gemobbt: der Neue aus Kasachstan, Viktor.«

»Der Blonde mit der schwarzen Kunstlederjacke?«, fragte Melanie.

Max nickte. Der Vater zog die Stirn hoch.

»Was habt ihr denn gegen den?«

»Ich weiß nicht ... Er spricht komisch.«

»Aber dafür kann er doch nichts«, regte sich die Mutter auf. »Die Russlanddeutschen haben einen anderen Akzent als wir hier. Sie –«

»Charlie hat sich das ausgedacht, Charlies Bande«, fiel Max ihr ins Wort. »Wenn Viktor etwas fragt oder erzählt, dann tut Charlie so, als hätte er ihn nicht verstanden, und sagt: ›Wie bitte? Wiederholst du das nochmal? Ich hab dich leider nicht verstanden.‹ Dann sagen Nico und Paul: ›Wir auch nicht! Ist das Russisch oder was?‹

Gerry sagt: ›Du solltest mal ordentlich Deutsch lernen!‹ Und Viktor wird ganz rot.

Dann sagen Nico und Paul laut: ›Schaut mal, Viktor ist ganz rot im Gesicht!‹ Und Viktor weiß nicht, wo er hinschauen soll, denn gleich kommen ihm die Tränen und er will nicht, dass man es sieht. Dann zeigen sie auf ihn und rufen: ›Viktor heult!‹ Und dann heult er wirklich. Dann sagt Charlie ›Heuler‹ zu ihm. Und wenn Viktor etwas darauf antwortet, fängt Charlie wieder von vorne an: ›Wie bitte? Was hast du gesagt? Ich verstehe dich nicht! Du musst Deutsch reden, Heuler.‹ Bis Viktor so wütend wird, dass er um sich schlägt. Dann rennt Charlie zum Lehrer und beschwert sich, weil Viktor ihn schlägt. Dann kriegt Viktor einen Tadel.«

Max hatte seine Geschichte immer hastiger erzählt, als bereue er, überhaupt damit angefangen zu haben. Jetzt schwieg er und sah unsicher in die Runde.

»Das ist aber ganz schön fies«, platzte Melanie heraus.

Die Mutter wechselte einen Blick mit dem Vater.

»Was machen die anderen aus der Klasse?«, fragte sie.

»Nichts. Zuschauen ... Lachen ... Weil Viktor so fuchsig wird.«

»Und du?«, forschte die Mutter weiter. Ihre Stimme war so scharf wie die Schneide des Brotmessers.

Nun war es Max, der rot wurde bis über die Ohren.

»Ich hab nur einmal ›Heuler‹ gerufen«, sagte er schnell. »Aber ganz leise.« Er holte sein Taschentuch heraus und schnäuzte sich lange und umständlich.

»Guckt mal, der Max hat lauter rote Flecken im Gesicht!«, rief Lenchen

Der Vater runzelte die Stirn. »Findest du in Ordnung, was da abläuft?«, fragte er und alle sahen Max an und warteten.

Max schaute hinter seinem Taschentuch hervor.

»Der Max hat ganz rote Ohren«, verkündete Lenchen unbarmherzig.

»Wenn du findest, dass es nicht in Ordnung ist, dann solltest du das sagen«, erklärte der Vater. »Stell dir vor, du wärst an Viktors Stelle: Wie froh wärst du dann, wenn einer dir beistehen würde!«

Max steckte sein Taschentuch ein und seufzte tief.

»Du hast gut reden, Papa. Wie soll ich das denn machen?«

»Na, das ist doch ganz einfach«, fuhr die Mutter dazwischen. »Das nächste Mal, wenn Charlie so tut, als ob er Viktor nicht versteht, dann sagst du, dass du das ganze Getue blöd findest. Und dass du Viktor gut verstehst. Und dass ...«

»Aber, Mama«, sprang Melanie dem Bruder bei, »weißt du, was dann passiert? Dann lauern Charlie und Nico und Paul und Gerry nach der Schule Max auf und verpassen ihm eine Tracht Prügel. Vier gegen einen. Was nützt das Viktor?«

»Eine Tracht Prügel?«, rief die Mutter empört. »Die sollen mal wagen, Max anzufassen! Da bin ich schließlich auch noch da! Und Papa! Nicht wahr?«

Max verdrehte die Augen.

»Was wollt ihr denn machen, Mama? Euch beim Lehrer beschweren? Damit ich ein ›Petzer‹ bin? Oder mich jeden Tag zur Schule bringen und abholen wie einen Erstklässler? Damit alle über mich lachen und mir ›Mamakind‹ nachrufen?«

»Max hat recht«, sagte Melanie. »Mischt euch lieber nicht ein. Sonst mobben sie schließlich noch Max. Davon hat Viktor auch nichts.«

»Soll das heißen, dass man nichts machen kann?«, rief die Mutter fassungslos. »Vier Fieslinge piesacken einen Jungen, der ihnen gar nichts getan hat, und die anderen schauen zu und lachen?«

Max zuckte die Achseln.

In diesem Augenblick klingelte es an der Haustür – zweimal kurz und einmal lang.

»Das ist Daniel«, rief Max und sprang erleichtert auf. »Also tschüss, ich muss los!«

Er packte seine Schultasche und bevor jemand noch etwas sagen konnte, war er schon weg. Mit einem dumpfen Schlag fiel die Haustür ins Schloss.

In den nächsten Tagen war Max mürrisch. Er ging den anderen aus dem Weg und verkroch sich in seinem Zimmer.

»Warum ist er so komisch«, fragte Lenchen.

»Er grübelt«, erklärte Melanie.

»Was grübelt er denn?«

Melanie hob die Schultern. »Wegen Viktor. Wegen Charlie.«

Die Woche verging. Und die nächste auch. Jeder Tag war angefüllt mit tausend Wichtigkeiten. Die Sache mit Viktor geriet in Vergessenheit. Niemand kam mehr darauf zurück. Und Max hütete sich, nochmal davon anzufangen.

Dann begannen die großen Ferien. Rucksäcke und Reisetaschen wurden eingepackt und ausgepackt. Max fuhr mit einer Jugendgruppe in die Berge. Melanie machte mit zwei Freundinnen einen Rucksackurlaub in Frankreich. Lenchen verbrachte eine Woche bei den Großeltern. Auch der Vater und die Mutter verreisten ein paar Tage. Dann fing das neue Schuljahr an und man musste sich wieder gewöhnen – an frühes Aufstehen, an neue Lehrer, neue Stundenpläne, neue Schulfächer …

In diesen Tagen ergab es sich, dass Max und der Vater auf dem Weg zum Getränkemarkt an der Schule vorbeifuhren. Da sagte der Vater plötzlich: »Wie geht es eigentlich diesem Jungen aus Kasachstan, du weißt schon?«

»Viktor? Der ist weggezogen.«

»Ah!« Der Vater schaute überrascht auf. »Das hast du ja noch gar nicht erzählt!«

Er warf aus den Augenwinkeln einen kurzen Blick auf Max. »Und wen mobbt Charlie jetzt?«

»Charlie ist sitzengeblieben.«

»Ah!«, sagte der Vater wieder. »Sieh mal an!«

Ein riesiger Kranwagen versperrte die Straße und verursachte einen Verkehrsstau.

Als sie sich vorbeigeschlängelt hatten, kam die Kreuzung in Sicht, an der die Schulstraße in die Hauptstraße mündete. Die Ampel stand auf Rot. Der Vater nahm das Gas weg, kuppelte aus und ließ das Auto langsam auf die Kreuzung zurollen.

»Tja«, nahm er den Faden des Gesprächs wieder auf, als sie standen. »Da bist du jetzt ja fein heraus, was?«

Max beobachtete angestrengt die Ampel. Dann sagte er, ohne den Vater anzuschauen: »Vor den Ferien sind Daniel und ich einmal nach der Schule ein Stück mit Viktor mitgegangen.«

»Und?«

»Nichts. Wir haben miteinander geredet. Über die Schule. Die Zeugnisse. Er hat gesagt, dass er noch kein Zeugnis bekommt, weil er so kurz hier ist. Und dann –«

Max brach ab.

»Ja?« Der Vater sah ihn abwartend an. Max wich seinem Blick aus. Eine feine Röte überzog sein Gesicht. Schließlich überwand er sich und sagte: »Hier an der Ampel standen Charlie und seine Bande. Daniel hat es zuerst gesehen …«

Renate Schupp

✗ Lest euch die Erzählung noch einmal bis zur Begegnung der beiden Jungengruppen durch. Wie könnte es weitergehen? Wählt eine der vier Kreativaufgaben und bearbeitet sie allein oder mit anderen (maximal zu acht). Ihr habt knapp 30 Minuten Zeit.

AUFGABE 1

✗ Gestaltet ein **Stegreifspiel** und zeigt darin, was sich aus der Begegnung von
- Max und Daniel mit Viktor auf der einen Seite,
- Charlie und seiner Bande (Nico, Paul und Gerry) auf der anderen Seite

entwickeln könnte.

AUFGABE 2

✗ Stellt ein **Standbild**, durch das deutlich wird, zu welchem Ergebnis die Begegnung
- von Max und Daniel mit Viktor auf der einen Seite,
- Charlie und seiner Bande (Nico, Paul und Gerry) auf der anderen Seite führt.

✗ Diskutiert mehrere Lösungsmöglichkeiten durch und entscheidet euch für die wahrscheinlichste/beste/originellste!

AUFGABE 3

✗ Schreibe ein **freies Gedicht** zur Erzählung.

✗ Benutze die Vorlage von Wolfgang Borchert **(M 8)** und verwende **das Fettgedruckte** als Gerüst für dein Gedicht.

»Du. Mann an der Maschine und Mann in der Werkstatt.
Wenn sie dir morgen befehlen, du sollst keine Rohre und keine Kochtöpfe mehr machen – sondern Stahlhelme und Maschinengewehre,
dann gibt es nur eins: Sag nein!«

Du könntest z.B. beginnen mit Sätzen wie
»Du. Schülerin an der Freien Evangelischen Schule Stuttgart ...«
»Du. Lehrer an der Freien Evangelischen Schule ...«
»Du. Vater/Mutter ...«

AUFGABE 4

✗ Schreibe eine **Fortsetzungsgeschichte**.

Stell dir vor, du wärst die Autorin und suchtest für die Erzählung »Das nächste Mal bestimmt« einen passenden Schluss.
Die Vorgabe des Verlags ist, dass der Schluss nur noch eine halbe bis höchstens eine Seite lang sein darf.

M 7 b (L) Schluss der Erzählung

»... Daniel hat es zuerst gesehen und schnell gesagt, dass er seinen Zeichenblock in der Schule vergessen hat. Und da sind Daniel und ich umgekehrt und die Straße wieder zurückgelaufen.«
»Ohne Viktor?«, fragte der Vater.
Max senkte den Kopf und schwieg. Eine Weile saßen beide stumm da.
»Ich will dir etwas verraten, Max!«, sagte der Vater dann. »Merk es dir gut: Schlimme Dinge passieren nicht nur deshalb, weil die ›Bösen‹ so fies sind, sondern auch, weil die ›Guten‹ so feige sind. Verstehst du, was ich meine?«
Max nickte.
»Ja«, sagte er. »Ich verstehe es.«
»Also dann, Max: Das nächste Mal bestimmt! Okay?«
Der Vater nahm die Hand vom Lenkrad und klopfte Max auf die Schulter.
Hinter ihnen hupte es. »Grün!«, rief Max erschrocken und der Vater fuhr so plötzlich an, dass im Kofferraum die Flaschen klirrten.

Renate Schupp

M 8

Dann gibt es nur eins!

Du. Mann an der Maschine und Mann in der Werkstatt. Wenn sie dir morgen befehlen, du sollst keine Wasserrohre und keine Kochtöpfe mehr machen – sondern Stahlhelme und Maschinengewehre, **dann gibt es nur eins:**

Sag NEIN!

Du. Mädchen hinterm Ladentisch und Mädchen im Büro. Wenn sie dir morgen befehlen, du sollst Granaten füllen und Zielfernrohre für Scharfschützengewehre montieren, **dann gibt es nur eins:**

Sag NEIN!

Du. Besitzer der Fabrik. Wenn sie dir morgen befehlen, du sollst statt Puder und Kakao Schießpulver verkaufen, **dann gibt es nur eins:**

Sag NEIN!

Du. Forscher im Laboratorium. Wenn sie dir morgen befehlen, du sollst einen neuen Tod erfinden gegen das alte Leben, **dann gibt es nur eins:**

Sag NEIN!

Du. Arzt am Krankenbett. Wenn sie dir morgen befehlen, du sollst die Männer kriegstauglich schreiben, **dann gibt es nur eins:**

Sag NEIN!

Du, Mann auf dem Bahnhof. Wenn sie dir morgen befehlen, du sollst das Signal zur Abfahrt geben für den Munitionszug und den Truppentransporter, **dann gibt es nur eins:**

Sag NEIN!

Wolfgang Borchert (1947)

Aus: Borchert, Wolfgang, Das Gesamtwerk, Rowohlt, Reinbek 1986, S. 318 (Auszüge)

M 9 Macht ist nur die Angst der andern

Macht ist nur die Angst der andern
Macht ist nur die Angst der andern
und wer Macht hat nutzt die Angst.
Macht ist nur die Angst der andern
und wer Macht hat nutzt die Angst.

Schluchzend, jammernd
liegt ein Mädchen in der S-Bahn
und ein Mann macht sich über ihr zu schaffen,
zieht brutal sie zu sich ran.
Und sie schreit und fleht um Hilfe,
im Abteil sind andre noch
doch sie schweigen,
bleiben sitzen,
kriechen in ein schwarzes Loch.

Macht ist nur die Angst der andern
und wer Macht hat nutzt die Angst.
Macht ist nur die Angst der andern
und wer Macht hat nutzt die Angst.

Keiner reißt das Ungeheuer
weg von dieser jungen Frau.
Niemand zieht an der Notbremse,
man hat Angst und das genau,
lässt den Irren nun gewähren
und vielleicht ist das sein Kick,
dass es keiner wagt zu stören –
das verstärkt sein Monsterglück.

Und wenn einer schon die Macht hat,
dass andere sich nicht mehr trauen,
sag, wie soll es dann erst werden,
wenn im kalten Morgengrauen
in den Straßen Stiefelgleichschritt
und Faschistengrölen hallt,
Sag: Wer leistet Widerstand dann
gegen die Gewalt?

Endlich kommt die Bahn zum Stehen
und der Mann flieht in die Nacht.
Weinend schleppt das junge Mädchen
sich hinaus, doch niemand macht
sich zumindest mal die Mühe
sie zu stützen und hilft ihr,
nein, sie kriecht allein nach Hause
wie ein wundgeschlagnes Tier.

Clemens Bittlinger

Aus dem Album: »Aus heiterem Himmel« (1998)

M 10 Tod nach Bahnfahrt: Soko U 4 sucht zwei Jugendliche

Obdachloser stirbt an schweren Kopfverletzungen – Zeugin erzählt von Pöbeleien zwischen Botnang und dem Ostendplatz

Ein 46-jähriger Mann, der am Samstag am Karl-Benz-Platz in Untertürkheim mit einer schweren Kopfverletzung gefunden wurde, ist gestorben. Zwei Jugendliche, die ihn in der Stadtbahn belästigt hatten, stehen unter Tatverdacht. Von ihnen fehlt aber jede Spur.

Eine Augenzeugin, die in der Nacht auf Samstag im Stadtbahnzug der Linie U 4 in Richtung Untertürkheim unterwegs war, ist momentan die wichtigste Zeugin der Polizei. Sie hat gesehen, wie zwei jugendliche Täter im Alter von etwa 16 bis 18 Jahren einen Fahrgast angepöbelt und verbal belästigt haben. Sie nahmen ihrem Opfer angeblich den Rucksack weg und beleidigten wohl auch zwei weitere Pärchen während der Fahrt.

Nach den bisherigen Ermittlungen war der 46-Jährige, ein Obdachloser, Freitagnacht gegen 23.45 Uhr in Botnang in die Stadtbahn eingestiegen. Um 23.58 Uhr stiegen die Jugendlichen am Ostendplatz zu. Die Bahn erreichte die Haltestelle Untertürkheim Bahnhof um 0.35 Uhr. Was sich in der Zeit bis 1.37 Uhr abspielte, als Beamte den nun schwer verletzten Mann am Karl-Benz-Platz fanden, soll die Sonderkommission »U 4« klären. Für Hinweise, die zur Ergreifung der Verdächtigen führen, hat die Staatsanwaltschaft eine Belohnung von 2000 Euro ausgesetzt.

Dass sich der angetrunkene Mann die schweren Kopfwunden durch einen Sturz zugezogen habe, schloss ein Gerichtsmediziner aus. Die Polizei vermutet Fremdeinwirkung und verdächtigt die Jugendlichen, die bereits in der Stadtbahn durch ihre Aggressionen aufgefallen waren. Ob sie tatsächlich die Täter waren, ist bisher ungeklärt.

»Noch haben wir keine heiße Spur, die zu den Jugendlichen führt«, sagte eine Pressesprecherin der Polizei. Doch die zehnköpfige Sonderkommission arbeite unter Hochdruck an dem Fall. Die Kripo setzt darauf, dass sich Fahrgäste melden, die die Streitereien mitbekommen haben oder sich an das Duo erinnern.

Christine Keck, in: Stuttgarter Zeitung v. 26.1.2005 (gekürzt)

✗ Angenommen, du hättest mit deinem Freund/deiner Freundin in der S-Bahn gesessen: Was hättet ihr tun können, ohne euch selbst zu sehr in Gefahr zu bringen?

M 11 Christen – Menschen mit Zivilcourage?!

Beispiel: Dietrich Bonhoeffer (1906–1945)

Lebenssituation	Zivilcourage?!
1939: B. ist in den USA und hat durch das Angebot einer Gastprofessur die Chance zu einem gefahrlosen und anerkannten Auslandsaufenthalt.	B. entscheidet sich für eine Rückkehr nach Deutschland, weil er »nicht alles verraten möchte«, woran er glaubt.
1935: Nürnberger Rassegesetze, nach denen »Juden« von vielen Berufen (auch Pfarramt) ausgeschlossen und an den Rand der Gesellschaft gedrängt werden.	B. predigt gegen diese Gesetze, weil sie der biblischen Botschaft widersprechen: »Keiner außer Jesus Christus darf unser Gewissen sein.« Öffentliches Redeverbot für B.
Hakenkreuze »schmücken« zum Teil das Kircheninnere.	Widerstand trotz Rede- und Schreibverbot
1938: Der jüdische Vater seines Schwagers Gerhard Leibholz stirbt. B. wird gebeten, eine Grabrede zu halten.	B. hört auf die Anweisung seines Bischofs und weigert sich. Später entschuldigt er sich bei seinem Schwager für diese »Feigheit«.
1943: B. und Maria von Wedemeyer verloben sich.	Mutig setzen die beiden inmitten des Chaos ein Zeichen der Hoffnung auf ein Leben »danach«.
1941: B.s Schwager Hans von Dohnanyi bittet ihn um seine Mitarbeit in der »Abwehr«. Er soll als Mann Gottes zum Spion für den Widerstand gegen Hitler werden.	Nach anfänglichem Zögern (Darf ein Christ einen Tyrannenmord dulden?) stimmt er zu und nutzt seine internationalen Kontakte für den Kampf gegen Hitler.
1941: Im Unternehmen 7 wird jüdischen Mitbürgern – unter dem Vorwand, sie seien Mitarbeiter der Gestapo – die Flucht in die Schweiz ermöglicht.	B. macht bei diesem gefährlichen Versteckspiel mit und beruhigt die Zweifel einiger jüdischer Flüchtlinge. *»Riskieren Sie nicht Ihre Seele, um die Schlacht zu gewinnen!«*
1942: B. wird gebeten, einen Selbstmord-Attentäter vor seinem Unternehmen zu segnen.	B. entscheidet sich schließlich, dies zu tun, weil man bereit sein muss, schuldig zu werden, wenn Deutschland von der Diktatur befreit werden soll.

M 12 (L)

Retterinnen und Retter von Juden im Dritten Reich – Versuch einer Typisierung –

1. **Zivilcourage als konstantes Verhalten**
   Diese Gruppe von Rettern hegte von Anfang an keinen Zweifel am verbrecherischen Charakter des NS-Regimes. Sie verstand die Anzeichen für das Schicksal der Juden zu deuten und ergriff früh und aktiv die Initiative zur Unterstützung der Verfolgten.

2. **Hilfsangebote in bestimmten Situationen**
   Zu dieser Gruppe gehören Personen, die vor und nach ihrer Hilfeleistung nie öffentlich in Erscheinung getreten sind. Sie ergriffen in ganz bestimmten Situationen die Initiative. Oft lastete über einen längeren Zeitraum ein Handlungsdruck auf ihnen.

3. **Hilfe als spontane Reaktion auf eine Bitte**
   Viele Retterinnen und Retter wurden (erst) aktiv, weil jüdische Mitbürger, die sich der Deportation entziehen wollten, die Initiative ergriffen. Sie baten ihre nichtjüdischen Freunde und Bekannten, ehemalige Patienten, Geschäftspartner oder Kunden direkt um Hilfe.

4. **Zivilcourage als Widerstand**
   Angesichts der drohenden Deportationen in die Vernichtungslager wurde für diese Gruppe von Retterinnen und Rettern eine organisierte Form von Hilfe für die jüdischen Mitbürger vordringlich. Diese Hilfe verlangte Mut zum eigenen Risiko und Konsequenz.
   Die Helfer, die ihr Handeln meist nicht als Widerstand, sondern als selbstverständlich und »normal« definierten, widerlegen die Grundthese aller Diktaturen: Unter gleichen Bedingungen von Terror und Unterdrückung verhalten sich alle Menschen gleich. Ihr Handeln zeigt: Es gibt Handlungsalternativen, wenn auch gefährliche!

Zusammenfassung nach: Beata Kosmala, Zivilcourage in extremer Situation. In: Zivilcourage lernen, Tübingen 2004, S. 106–115

M 13 Nein sagen lernen: ein biblischer Lernzirkel

»Gott oder ...?« Biblische Begründungen für ein eindeutiges Christsein

STATION 1

✗ Lies Matthäus 6,24.

✗ Welche Alternative zu Gott wird in diesem Vers gezeigt?

✗ Zeichne die Skizze unten ab und füge das erste Stichwort ein.

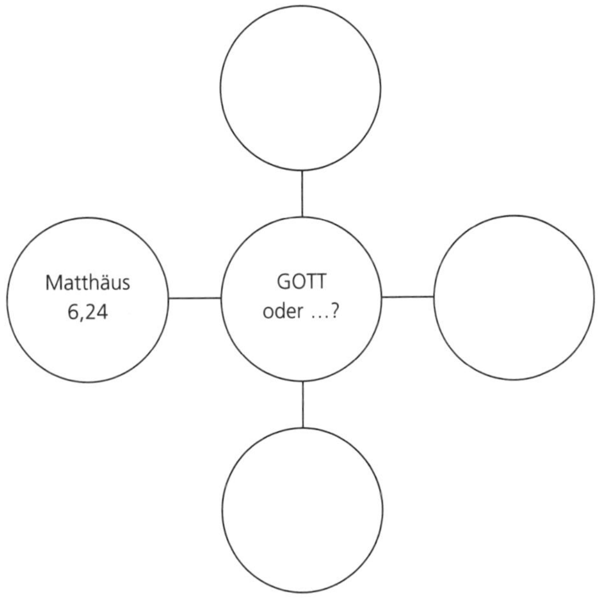

✂ -

»Gott oder ...?« Biblische Begründungen für ein eindeutiges Christsein

STATION 2

✗ Lies Markus 11,15–19.

✗ Welche Alternative zu Gott wird in diesen Versen von Jesus herausgestellt?

✗ Ergänze die Skizze unten, indem du ein passendes zweites Stichwort einträgst.

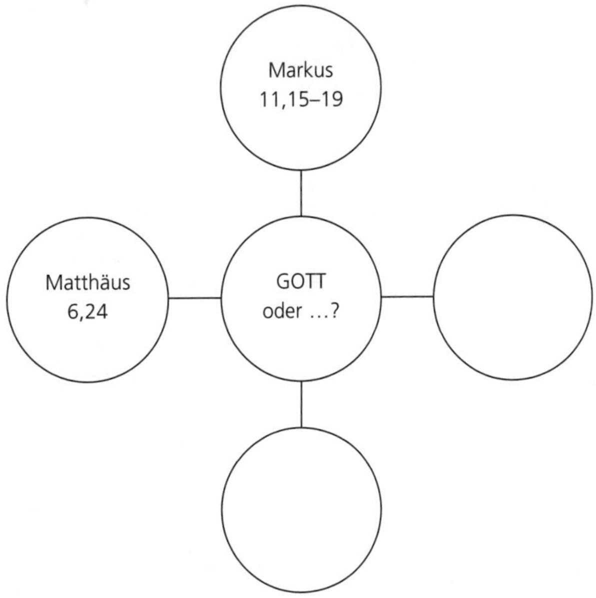

»Gott oder ...?« Biblische Begründungen für ein eindeutiges Christsein

STATION 3

✗ Lies Apostelgeschichte 4,13–22.

✗ Welche Alternative zum Gehorsam Gott gegenüber lehnen hier Petrus und Paulus entschieden ab?

✗ Ergänze die Skizze unten, indem du ein passendes drittes Stichwort einträgst.

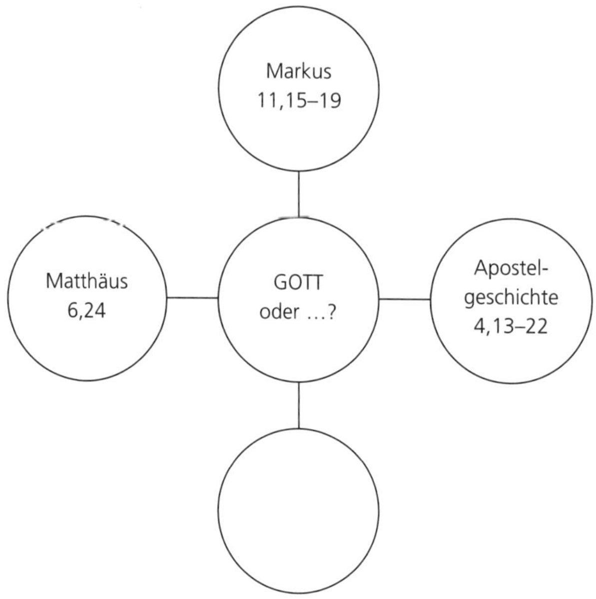

✂- -

»Gott oder ...?« Biblische Begründungen für ein eindeutiges Christsein

STATION 4

✗ Lies Galater 2,11–14.

✗ Paulus macht hier deutlich: Wer für Gott streitet, muss unter Umständen auch einmal ______________________ (wem?) widersprechen.

✗ Ergänze die Skizze unten, indem du ein passendes viertes Stichwort einträgst.

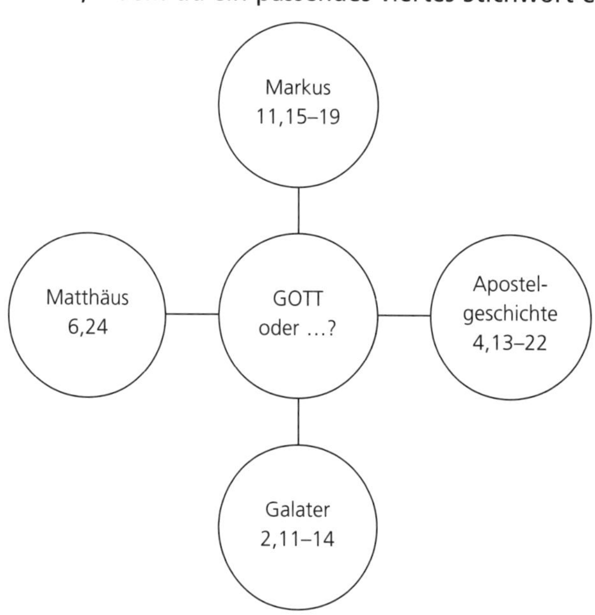

KREATIVSTATIONEN

»Gott oder ...?« Biblische Begründungen für ein eindeutiges Christsein

STATION 5

✗ Lies Prediger 4,12.
✗ Was kann nach diesem Weisheitsspruch das persönliche Nein-Sagen erleichtern?
✗ Diese Aussage steht zu einer der vier ersten Stationen in Spannung. Zu welcher und warum?

✂--

»Gott oder ...?« Biblische Begründungen für ein eindeutiges Christsein

STATION 6

✗ Es gibt in der Bibel noch einige weitere Beispiele dafür, dass Menschen sich eindeutig auf Gottes Seite gestellt haben und keine »falschen« Kompromisse eingegangen sind.
✗ Beschreibe kurz die **Geschichte einer solchen Frau bzw. eines solchen Mannes** aus der Bibel.

✂--

»Gott oder ...?« Biblische Begründungen für ein eindeutiges Christsein

STATION 7

✗ Zeichne zu einer der vier biblischen Nein-sag-Stationen eine **Karikatur** (Spottbild), in der du eine wichtige Aussage des Textes darstellst.

✂--

»Gott oder ...?« Biblische Begründungen für ein eindeutiges Christsein

STATION 8

Christen müssen auch einmal klar und deutlich nein sagen können.
✗ Formuliere zu dieser Tatsache **einen für Jugendliche pfiffigen Slogan** (kurzer und hintergründiger Sinnspruch).

✂--

M 14 (L)

Nein sagen lernen: ein biblischer Lernzirkel
Ergebnissicherung

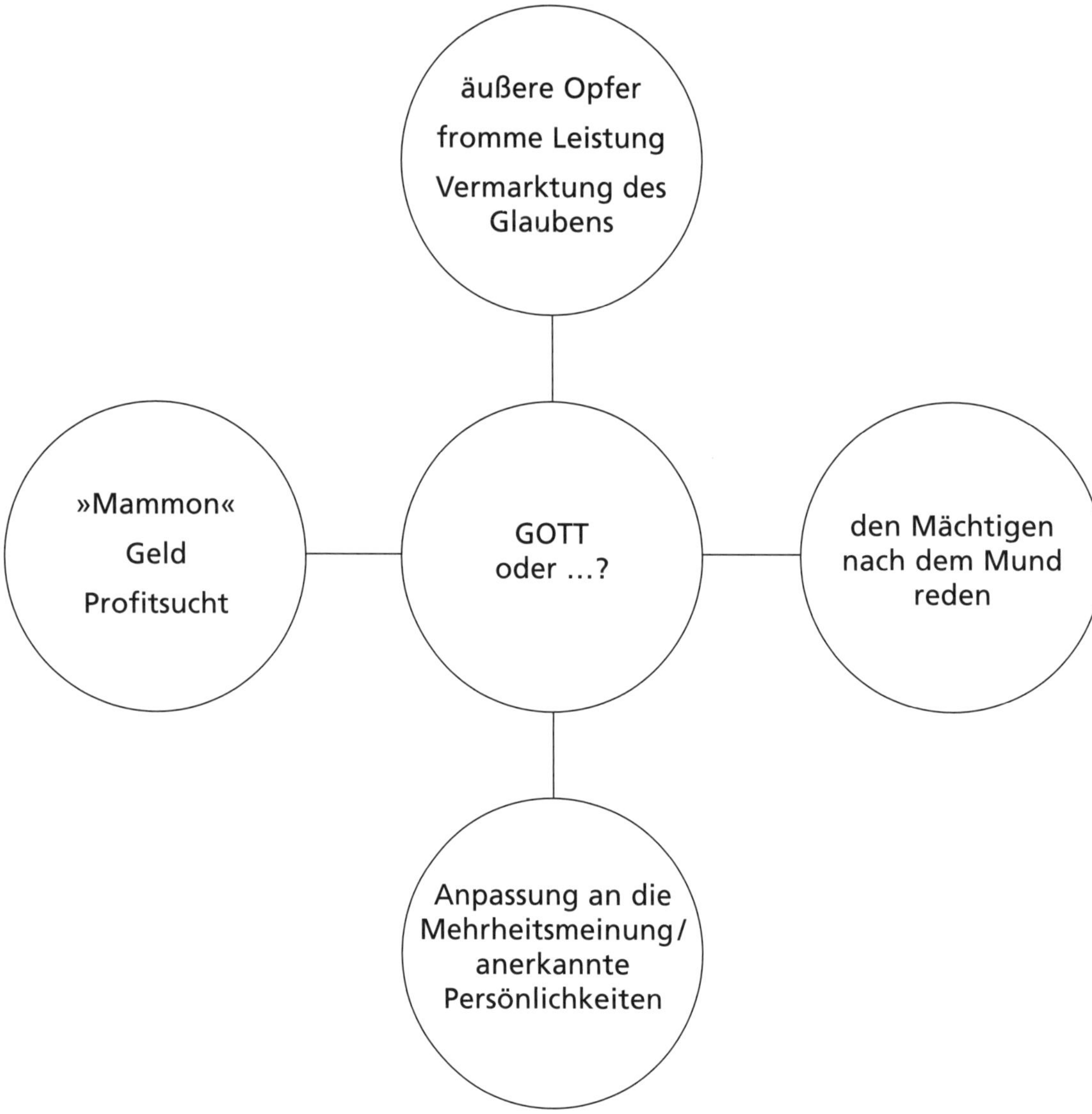

Grundsatz für eine (christliche) Zivilcourage:

Man muss Gott mehr gehorchen als den Menschen!
(Apostelgeschichte 5,29)

⇛ GOD FIRST!

M 15

Segenssprüche, die zur Zivilcourage ermutigen
Eine Auswahl

In Weinen und Lachen, in Freude und Schmerz segne dich Gott, der Herr.
(Gebet der Kirche)

Du kannst sicher sein: Mit Gott kannst du über Mauern springen!
(nach Psalm 18, 30)

Freude möge dich wärmen, Hoffnung dich stärken, Dankbarkeit dich bewahren.
(Antje Sabine Naegeli)

Der Herr sei in dir, um dich zu trösten, wenn du traurig bist.
(Sedelius)

Möge dein Weg dir freundlich entgegenkommen, Wind dir den Rücken stärken.
(Irischer Reisesegen)

Der Herr segne dich und behüte dich. Er lasse sein Angesicht leuchten über dir und sei dir gnädig. Er erhebe sein Angesicht auf dich und schenke dir Frieden.
(4. Mose 6,24)

Mögen Frieden und Freude deine Welt segnen und mögen
alle Jahreszeiten des Lebens dir und den deinigen das Beste geben.
(Irischer Segenswunsch)

Möge dir ein Engel zur Seite stehen, wenn die Decke brüchig wird,
wenn Stürme aufziehen und dein Lebenshaus erschüttert wird.
Auf dass du bewahrt bist und unversehrt bleibst,
selbst wenn um dich herum alles einstürzt.
(Irischer Segenswunsch)

Geduld möge dich auf deinen Wegen begleiten.
Mögest du mit sanftem Schritt dein Ziel erreichen.

Mögest du die Widersprüche in der Welt auf dich wirken lassen
und die richtige Antwort für dich finden.

Lass dir nicht grauen und entsetze dich nicht;
denn der Herr, dein Gott, ist mit dir in allem, was du tust.
(Josua 1,9)

✗ **Du kannst für deinen Freund/deine Freundin einen ganz persönlichen Segenswunsch formulieren.**

M 16 (L) **Beispiel einer Klassenarbeit**

Evangelische Religionslehre Klasse 9
Klassenarbeit Nr. Datum

Name: ______________________________

Thema: Z I V I L C O U R A G E – Gott mehr gehorchen als den Menschen
Zeit: 45 Min.

1)

Walter Hanel

Beschreibe diese Karikatur (Spottzeichnung).
Stelle einen Bezug zum Thema unserer ersten Einheit im Religionsunterricht Klasse 9 her. (2 Punkte)

2) In der großen Pause sprechen einige deiner Mitschüler über einen abwesenden Mitschüler, mit dem du befreundet bist, auf herabsetzende und beleidigende Art.
Beschreibe drei verschiedene Verhaltensweisen für diese Situation.
Was machst du? Begründe deine Entscheidung. (4 Punkte)

3) Manches fördert Zivilcourage, anders behindert, dass ein Mensch mutig »nein« sagt.
Nenne vier Charaktereigenschaften bzw. Rahmenbedingungen, die Zivilcourage fördern, und veranschauliche ein Beispiel durch eine konkrete Situation aus der Lebenswelt eines Jugendlichen heute. (3 Punkte)

4) Als Johannes sah, dass viele Pharisäer und Sadduzäer zur Taufe kamen, sagte er zu ihnen: Ihr Schlangenbrut, wer hat euch denn gelehrt, dass ihr dem kommenden Gericht entrinnen könnt? Bringt Frucht hervor, die eure Umkehr zeigt, und meint nicht, ihr könntet

sagen: Wir haben ja Abraham zum Vater. Denn ich sage euch: Gott kann aus diesen Steinen Kinder Abrahams machen. Schon ist die Axt an die Wurzel der Bäume gelegt; jeder Baum, der keine gute Frucht hervorbringt, wird umgehauen und ins Feuer geworfen. (Matthäus 3,7–10)

Inwiefern erweist sich Johannes der Täufer in dieser Situation als ein Mann mit Zivilcourage?
Nenne drei weitere Situationen, in denen er mutig den Weg geht, der ihm von Gott gezeigt wird. (4 Punkte)

5) Der Isenheimer Altar von Matthias Grünewald ist in den Jahren 1512–1516 entstanden.
Beschreibe dieses berühmte Bild im Zentrum des Flügelaltars.
Stelle einen Bezug des Bildes zum Thema der Unterrichtseinheit her. (4 Punkte)

6) Im Buch von Hans Peter Richter »Damals war es Friedrich« wird die Freundschaft zweier Jungen in der Zeit des Nationalsozialismus geschildert. Im Kapitel »Schwimmbad« wäre Zivilcourage nötig gewesen. In welcher Situation?
Was machte damals Zivilcourage noch schwerer?
Was weißt du in Bezug auf jüdische Geschäfte und Gotteshäuser in dieser Phase unserer deutschen Geschichte? (3 Punkte)

7) Sind Christen (eher) Menschen mit Zivilcourage? Begründe deine Meinung. (1 Punkt)

8) Zeige an drei Beispielen aus der Lebensgeschichte von Dietrich Bonhoeffer, wie ein Christ Mut beweist und in einem anderen Moment auch »feige« sein kann. (3 Punkte)

Zusatzfrage:
»So Joseph also went up from the town of Nazareth in Galilee to Judea, to Bethlehem the town of David, because he belonged to the house and line of David. He went there to register with Mary, who was pledged to be married to him and was expecting a child.«

Übersetze diesen biblischen Text aus der New International Version ins Deutsche.
In welchem Evangelium findet sich dieser kleine Auszug aus der Weihnachtserzählung? (3 Punkte)

Viel Erfolg!

24 Punkte

Modul 4 Gewalt hat viele Gesichter

Ein Beitrag des Faches Religion zur Schulkultur

Erarbeitet vom Projektteam »RU in der Pubertät«: Charlotte Valleix, Christina Hartig, Karlheinz Müller und Manfred Schnitzler

1. Bezug zum Theorieband

Die Module »Zivilcourage« und »Gewalt« liegen inhaltlich dicht beieinander: Zivilcourage ist eine mögliche Handlungsweise, mit deren Hilfe es den Jugendlichen gelingen kann, Gewalt zu überwinden. Das doppelte Vorkommen dieses Themenfeldes im Rahmen des Projekts ist bereits ein erstes Indiz dafür, wie bedeutsam Programme zur Gewaltprävention gerade in dieser Altersstufe sind.

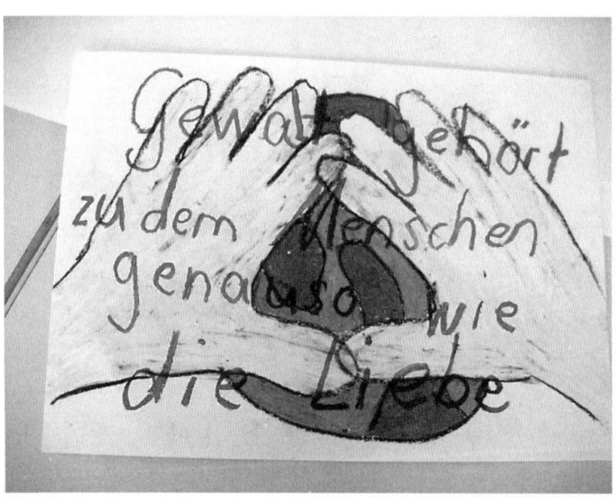

Ein Blick auf die Abschlussinterviews mit den Schülerinnen und Schülern sowie mit den im Projekt beteiligten Lehrkräften scheint diese Bedeutsamkeit zunächst nicht zu bestätigen. Das Stichwort »Gewalt« wird an keiner Stelle ausdrücklich genannt. Implizit jedoch tauchen immer wieder Bezüge auf:

- »Ich find' Pubertät nicht so gut, weil man sich oft streitet – und man will halt seinen eigenen Kopf durchsetzen.« (*Schülerin, 14 Jahre*)
- »Also, ich find' Pubertät eigentlich eher schön. Da kann man – keine Ahnung – sich so austoben … (Lächeln)« (*Schüler, 14 Jahre*)
- »Man merkt einfach, dass man erwachsen wird und mehr darf. Man merkt aber auch, dass man mehr Verantwortung haben und alles übernehmen muss.« (*Schüler, 15 Jahre*)
- »Sie [die Schüler/innen in der Pubertät] leben intensiv Freundschaften – oder suchen diese. Sie haben das Bedürfnis von Gruppenbildung und können in der Gruppe viel ertragen.« (*Religionslehrerin*)
- »Die Schwäche der Altersphase ist, mal über den eigenen Tellerrand hinauszuschauen oder besser gesagt: meine eigene Schwäche einzugestehen und die auch anderen zuzugestehen, also nicht immer Gleiches mit Gleichem zu vergelten.« (*Religionslehrer*)

Pubertät ist eine konfliktreiche Zeit. Weil die Persönlichkeit des Einzelnen noch wenig gefestigt ist, sind Konfliktlösungen ein entwicklungspsychologisches Problem. Heranwachsende neigen dazu, sich einer ganz bestimmten Ansicht mit Haut und Haar zu verschreiben. In der jeweiligen Peergroup bestärken sich die Jugendlichen darin gegenseitig. Jeder mögliche Kompromiss hat den Beigeschmack von Selbstaufgabe. Deshalb ist eine Situation schnell ausweglos. Es scheint nur ein Entweder-Oder zu geben. Als Mittel, um sich durchzusetzen, wird Gewalt nicht kategorisch ausgeschlossen. Zum Teil wird sogar im Sinne von Imponiergehabe mit Gewalt gedroht, was in der Konsequenz dann dazu zwingt, sie auch einzusetzen, um nicht als Feigling dazustehen. Die Interviewausschnitte belegen die Notwendigkeit, sich gerade in dieser Altersstufe mit Formen gewaltfreier Konfliktbewältigung zu beschäftigen.

Gleichzeitig deuten die Interviews die Chancen einer solchen Beschäftigung an:

Die meisten Heranwachsenden spüren, dass die Zeit des Austobens bald vorbei sein wird und neue Freiheiten mit der Übernahme von Verantwortung einhergehen müssen. Das zeigt auch das folgende Zitat[1]: »Ich finde es [ein Teenager zu sein] prima. Ich bin auf dem Weg, erwachsen zu werden, aber ohne die ganzen Pflichten und Verantwortung, die damit verbunden sind, wie Geld verdienen und so was …« Diese Antwort nennt freimütig die Vorteile der Lebensphase »Pubertät«, lässt aber zugleich durchblicken, dass Pflichten und Verantwortung nicht auf Dauer außen vor bleiben können.

Im Modul »Gewalt hat viele Gesichter« soll es für die Schülerinnen und Schüler in der Pubertät um die Frage gehen, wie persönliche oder gesellschaftliche Konflikte so gelöst werden können, dass es im Blick auf das Ganze verantwortbar ist und nicht nur kurzfristig der Durchsetzung eigener Interessen dient. Dabei Gewalt als ein mögliches Mittel der Konfliktbewältigung von vornherein auszuschließen, wäre im Blick auf ein friedlicheres Zusammenleben der anzustrebende Grundkonsens.

2. Religionsdidaktische Einordnung des Moduls

»An unserer Schule dulden wir weder sprachliche noch körperliche Gewalt. Konflikte versuchen wir deshalb gewalt- und niederlagenfrei zu lösen.«[2]

»Vom Streiten miteinander
Gewalt ist keine Lösung. Wir bemühen uns, unsere Konflikte gewaltfrei und fair zu regeln. Wer kritisiert, sollte sich im Klaren sein, was er mit dieser Kritik verbessern will. Wer kritisiert, sollte darauf achten, dass er mit seiner Kritik andere Menschen nicht verletzt.«[3]

Gewalt und Gewaltprävention sind aufgrund dramatischer Einzelfälle an deutschen Schulen, aber auch als ganz alltägliches Bedrohungspotenzial von hoher pädagogischer und schulpolitischer Dringlichkeit. Besonders medienwirksam war vor einiger Zeit (März 2006) die Kapitulation der Lehrerinnen und Lehrer vor der Schülergewalt an der Berliner Rütli-Schule. Das Lehrerkollegium dieser Hauptschule offenbarte einer schockierten Öffentlichkeit: »83,2 Prozent der Schüler kommen aus Familien mit Migrationshintergrund, wobei Schüler aus arabischen Familien die größte Gruppe bilden. Von den Eltern kommt keine Hilfe, Normen und Regeln durchzusetzen. Der Auftrag der Schule, den Jugendlichen den Weg ins Leben zu bahnen, ist eine Utopie. In den meisten Familien sind unsere Schüler die Einzigen, die morgens aufstehen. Wie sollen wir ihnen erklären, dass es trotzdem wichtig ist, in der Schule zu sein und einen Abschluss anzustreben? Sie sind vor allem damit beschäftigt, ihr Outfit so zu gestalten, dass sie nicht verlacht werden, damit sie dazugehören. Schule ist für sie auch Schauplatz und Machtkampf um Anerkennung. Der Intensivtäter wird zum Vorbild.«[4]

Der Berliner Bildungssenator Bröger ordnete als Sofortmaßnahme an, dass Polizisten vor der Schule stehen und Waffen sowie Wurfgeschosse am Schuleingang einsammeln. Zum Glück muss nicht überall mit Polizeigewalt Unterricht erst einmal ermöglicht werden.

Dennoch ist Gewalt in unterschiedlichsten Formen in deutschen Schulen – nicht nur Hauptschulen – ein bedrängendes Problem. Deshalb verbinden sich mit dem Aufgreifen dieser Thematik durch die Fachschaft(en) Religion (und Ethik) hohe Verantwortung, aber auch vielfältige Chancen, das Schulethos mitzuprägen. Die beiden einleitenden Zitate zeigen, wie Schulen sich Standards für den Umgang mit Gewalt setzen und deren Umsetzung von beiden, Lehrkräften und Schülern, erwarten. Für die Entwicklung einer Schule ist ein gemeinsames Ethos, z.B. im Blick auf den Umgang mit Gewalt, ausgesprochen wichtig.

In welchem Zusammenhang stehen Ethos und Schulentwicklung? »Als Ethos

1 C. u. D. Arp, Und plötzlich sind sie 13, Gießen ^{29}2006 (1996), S. 24.
2 http://www.gymnasiumdorfen.de/html/elterninfo/schulethos
3 http://www.montessorigym.kbs-koeln.de/s_progischulethos
4 C. Schwägerl, Der Intensivtäter wird zum Vorbild, in: Frankfurter Allgemeine Zeitung vom 31.3.2006.

einer Schule gilt … die Gesamtheit jener Werte und Maximen, welche die Lehrkräfte in ihrer pädagogischen Arbeit als selbstverständlich und verbindlich für alle erachten. … Das Ethos einer Schule leitet sich her aus einem (oft mühsam erarbeiteten) Wertekonsens, den zwar nicht alle, aber eine große Mehrheit der Beteiligten vertreten sollen – im Sinn einer Gesamthaltung nach innen und außen. Die empirische Schulforschung hat nachgewiesen, dass Schulen, welche ein spezifisches Ethos erarbeitet haben, wirksame und ›gute‹ Schulen sind.«[5]

Die Einigung auf ein Schulethos, das nein sagt zur Gewalt mit ihren vielen Gesichtern, dient folglich nicht nur einem harmonischeren Miteinander im Schulleben, sondern schafft eine wichtige atmosphärische Grundlage für effektives Lernen.

Es dürfte auch in einer pluralen Schulgemeinschaft nicht schwer sein, sich auf ein Nein zu allen Formen von Gewalt im Umgang miteinander zu einigen. Damit ist jedoch noch nichts darüber gesagt, wie denn dieses Nein konstruktiv zu füllen wäre. Hier ist der Diskurs in der gesamten Schule gefragt. Die Erwartungen sollten dabei angesichts der Pluralität unserer Gesellschaft nicht zu hoch sein. Auch eine »kleine« Übereinkunft aller stellt für das Zusammenleben in der Schule einen großen Erfolg dar.

»Die Ausbildung eines tragfähigen Schulethos setzt […] Prozesse der gezielten Verständigung in der Schule voraus – eine Verständigung, an der sowohl das Kollegium als auch die Schüler- und Elternschaft beteiligt sein müssen. Unterschiedliche Überzeugungen sind dabei nicht nur zwischen den drei genannten Gruppen zu erwarten, sondern auch innerhalb jeder von ihnen. Deshalb ist von vornherein nur mit partiellen Verständigungen zu rechnen. Darin sollte aber kein Grund für Skepsis oder gar Pessimismus liegen. Partielle Verständigungen können für die in einer Schule anstehenden Gestaltungsfragen durchaus eine ausreichende Grundlage bieten. In der Schule sind vollständige Übereinstimmungen nicht erforderlich. Der Umgang beispielsweise mit Aggression oder Gewalt ist auch auf der Grundlage eines partiell geteilten Ethos möglich. Resignation angesichts bleibender Unterschiede ist weder hilfreich noch notwendig. Die Reichweite der in dieser Hinsicht geteilten Überzeugungen dürfte bei bewusster Pflege und kooperativer Unterstützung, zu der die Verständigung zwischen Schüler-, Lehrer- und Elternschaft zählen muss, jedenfalls weit über die in einer nicht an einem Ethos der Gewaltfreiheit orientierten Schule hinausgehen.«[6]

Eine solche positive Füllung des Ethos Gewaltfreiheit könnte Zivilcourage (vgl. Modul 3) sein.

Insofern gibt es – wie eingangs angemerkt – inhaltlich einen engen Zusammenhang zwischen beiden Modulen. Beide wollen zu einer Bildung der Heranwachsenden in der Pluralität beitragen und in den Umgang mit Differenz einüben. Deshalb leisten der Religions- und Ethikunterricht gerade hier einen unverzichtbaren Beitrag zur Schulkultur.

Die Schulaktion »Gewalt hat viele Gesichter« eröffnet darüber hinaus in der Kooperation mit außerschulischen Fachleuten die Möglichkeit, zusätzliche professionelle Impulse ins Zusammenleben einer Schulgemeinschaft einzubringen.[7]

Religionspädagogisch ist evangelischerseits nicht zuletzt die Friedensdekade »Gewalt überwinden« (2001–2010) mit ihren besonderen theologischen und religionspädagogischen Angeboten ein Anstoß, als Fachschaft(en) Religion/Ethik diese Thematik an der eigenen Schule federführend ins

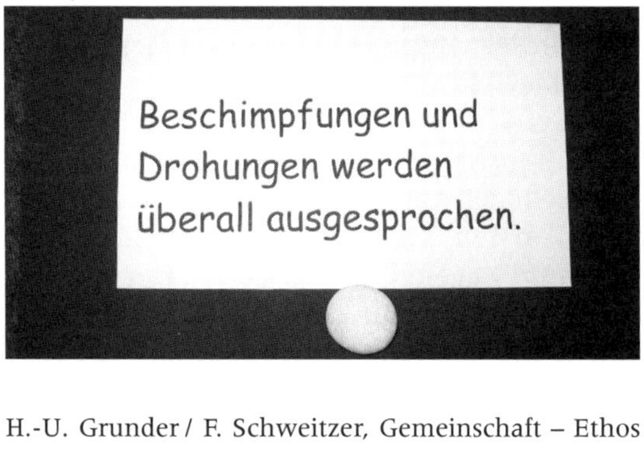

5 H.-U. Grunder, Schulentwicklung und Schulethos, in: H.-U. Grunder / F. Schweitzer, Gemeinschaft – Ethos – Schule, Weinheim/Basel 2006, S. 35.

6 F. Schweitzer, Wie viel Gemeinschaft braucht die Schule?, a.a.O., S. 30.

7 Vgl. u.a. U. Böhm, Kooperation als pädagogischer Leitbegriff der Schule. Beiträge zur partnerschaftlichen Zusammenarbeit in und mit der Schule, Münster 2003; ders., Jugendarbeit und Schule, Essen 1996; ders./ M. Weingardt / S. Willrett (Hg.), Startversuche im Gemeinwesen – Jugendliche lernen soziale Verantwortungsfähigkeit. Dokumentation zu einem Forschungsprojekt, Stuttgart 2000.

Gespräch zu bringen und somit einen wichtigen Beitrag zur Entwicklung und konkreten Ausgestaltung des Schulethos zu leisten. Wenn die Fachschaft Religion/Ethik die Schülerinnen und Schüler im Blick auf ein gemeinsames Schulethos zum Thema Gewalt sensibilisieren, tun sie das nicht, um sich damit als notorisch unterschätzte Fachgruppe zu profilieren, sondern um dem Frieden an der Schule und damit der Qualität schulischer Arbeit überhaupt zu dienen.

Der Bezug zur einzelnen Schule ist bei diesem Modul besonders wichtig: Welche Einflussmöglichkeiten auf das Schulleben haben die Fachschaften Religion und Ethik bereits? Welche den Rahmen des »normalen« Unterrichts sprengenden Schulaktionen sind denkbar? Sinnvoll ist ein kleinschrittiges Vorgehen, das zunächst im Religionsunterricht beginnt und hier neue kompaktere Formen von religiöser Bildung austestet. Die Ergebnisse können der interessierten Schulöffentlichkeit präsentiert werden. In einem zweiten Schritt kann ein temporär konfessionell-kooperativer Unterricht[8] zum Themenkomplex »Gewalt/Gewaltprävention« angestrebt und ausprobiert werden. Sodann wäre eine angemessene Integration des Ethikunterrichts zu bedenken, um schlussendlich den Einfluss der Projekttage »Gewalt überwinden« auf das Schulethos auszuloten.

Entsprechend vielfältig gestaltete sich die Umsetzung des Moduls an den drei Projektschulen. Gemeinsamer Ausgangspunkt war die Überlegung, dass der in Klasse 8 einstündige Religionsunterricht in thematischen Blöcken komprimiert im ersten Halbjahr zum Thema »Gewalt überwinden« stattfinden sollte. Die Benotung sollte sich zu je einem Drittel aus dem Projektordner (Portfolio), einer Klassenarbeit und dem während des Projekts von den Schülerinnen und Schülern gezeigten Sozialverhalten zusammensetzen.[9]

Wir stellen hier das Modul der Kolleginnen und Kollegen der Hermann-Hesse-Realschule Reutlingen vor, weil es an dieser Schule öfters als Schulaktion durchgeführt wurde und somit überzeugend aufzeigt, wie es der Fächergruppe Religion/Ethik gelingen kann, das Schulethos mitzugestalten.

Literaturhinweise

Pädagogik 1/1999: Hilfen gegen Gewalt

Käßmann, M.: Gewalt überwinden (Overcoming violence), Hannover 2005

Struck, P.: Wie schütze ich mein Kind vor Gewalt in der Schule? Erfolgsrezepte gegen Aggression, Frankfurt a. M. 2001

Jugendrotkreuz, Wege aus der Gewalt – Schule packt's an, Berlin 2001

Jäger, U.: Krieg oder Frieden? Konfliktanalyse und Konfliktbearbeitung. Themenblätter im Unterricht, Bonn/Tübingen 2001

Jäger, U.: Friedensstrategien. Einblicke in die Welt ziviler Konfliktbearbeitung. Eine Bilderbox, Tübingen 2001

entwurf 2/2002: Gewalt

Schlensog, S.: Religion und Gewalt, Bundeszentrale für politische Bildung 17, Bonn 2002

CD Konflikte XXL. Konstruktive Konfliktbearbeitung als Gewaltprävention, Tübingen 2002

Max! Prosoziales Verhalten in Konfliktsituationen. Ein interaktives Szenario, Tübingen 2002

Friedensdekade: Gewalt überwinden. Studienhilfe: Warum Gewalt? Warum nicht Frieden? 24 Seiten (im Klassensatz beziehbar)

Mette, N.: »Suche den Frieden und jage ihm nach!« (Ps 34,15) Biblische Wegweisungen zu einer Kultur gerechten Friedens, in: F. Schweitzer (Hg.), Elementarisierung im Religionsunterricht, Neukirchen-Vluyn 2003, S. 93–114

Olwens, O.: Gewalt in der Schule – Was Eltern und Lehrer wissen sollten und tun können, Bern/Göttingen ³2004

Holighaus, K.: Zoff in der Schule. Tipps gegen Mobbing und Gewalt, Weinheim/Basel 2004

Böhm, U.: Soziales Lernen und Soziales Engagement. Verantwortungsübernahme Jugendlicher im schulischen Kontext, Baltmannsweiler 2006

Moschner, S.: Im Namen Gottes darf nicht mehr getötet werden, in: F. Schweitzer (Hg.), Elementarisierung und Kompetenz, Neukirchen-Vluyn 2008, S. 37–51

8 Vgl. U. Böhm, Ökumenische Didaktik. Ökumenisches Lernen und Konfessionelle Kooperationen im Religionsunterricht deutschsprachiger Staaten, Göttingen 2001.

9 Ausführlichere Erläuterungen und Hilfen zum Portfolio sind in Modul 5 zu finden (**M 6** [L], S. 159).

3. Perspektiven der Thematik nach den sieben Dimensionen des Bildungsplans 2004 (BW) für Evangelische Religionslehre

Mensch
- wissen, dass Leib und Seele verletzbar sind, können Gefahren benennen und negative Folgen für ihr Leben abschätzen (HS 9)
- kennen das christliche Verständnis des Menschen als einzigartiges, wertvolles und ohne Gegenleistung geliebtes Geschöpf Gottes und als Sünder, welcher der Vergebung Gottes bedarf (RS 8)
- erkennen, dass Menschen für ihr Leben veranwortlich und zugleich auf Barmherzigkeit angewiesen sind (G 8)

Welt und Verantwortung
- verfügen über Möglichkeiten, Konflikte gerecht und friedlich anzugehen (HS 9)
- verfügen über gewaltfreie, partnerschaftliche Formen der Konfliktlösung (RS 8)
- können zeigen, dass Hilfsbereitschaft zu einem besseren Zusammenleben in der Gesellschaft beiträgt (G 8)

Religionen und Weltanschauungen
- (Zusammenhang: Weltfriede – Friede zwischen den Religionen; vgl. Kl. 10)

Thema:

Gewalt hat viele Gesichter

Bibel
- können eigene Gedanken zu biblischen Aussagen äußern und durch vielfältige kreative Auseinandersetzung die Bedeutung für sich klären (HS 9)
- können sich mit biblischen Geschichten auf vielfältige Weise auseinandersetzen (RS 8)

Kirche und Kirchen
- (kennen das Engagement der Kirchen für Gerechtigkeit, Frieden und Bewahrung der Schöpfung – z.B. RS 10)

Jesus Christus
- wissen, wie Jesus Christus vom anbrechenden Reich Gottes spricht, indem sie in der Bergpredigt Bilder und Regeln für diese neue Welt erkennen (HS 9)
- sind in der Lage, Konsequenzen aus Jesu Umgang mit den Menschen im Blick auf die gegenwärtige Lebenssituation zu formulieren (RS 8)

Gott
- kennen die Geschichte eines Menschen (z.B. M.L. King), der sein Leben im Vertrauen auf Gott gestaltet (RS 8)

4. Die Bausteine

Übersicht

◘ **BAUSTEIN 1:**	**So viel Gewalt!**	3 Std.	**M 1–3**
◘ **BAUSTEIN 2:**	**Gewalt überwinden**	6 Std.	**M 4–8**
◘ **BAUSTEIN 3:**	**Referenten-Tag**	6 Std.	
◘ **BAUSTEIN 4:**	**Spielfilm zum Thema Gewalt** Filmnacht und Filmauswertung	6 Std.	**M 9**
◘ **BAUSTEIN 5:**	**Projektabschluss** – Vorbereitung der Klassenarbeit – Infos zum Ordner/Portfolio (Abgabetermin) – Schüler-Feedback zu den Kompakttagen – zentrale Klassenarbeit	4 Std.	
Fakultativ:			
◘ **BAUSTEIN 6:**	**Gewalt überwinden – Frieden finden** Vorbereitung und Durchführung eines Schulgottesdienstes	4 Std.	**M 10–11**

Die Bausteine im Einzelnen

Vorarbeit:
Da die Projekttage Religion nicht dem normalen schulischen Ablauf entsprechen, müssen Schulleitung, Eltern sowie die Schülerinnen und Schüler frühzeitig über den geplanten Ablauf informiert werden, so dass die terminliche Koordination eher gelingt. (**M 1 [L]**)

◘ **BAUSTEIN 1: So viel Gewalt!** (Einführungsnachmittag; 3 Std.)

Die Schüler/innen nehmen Gewaltsituationen in ihrem alltäglichen Leben wahr, grenzen verschiedene Formen von Gewalt gegeneinander ab und gestalten eine Gewaltsituation mit Hilfe einer Collage kreativ aus.

▶ **Anknüpfung**
Brainstorming/Mindmap (Schülererfahrungen zum Thema Gewalt)

▶ **Interaktionsspiel**
➤ **Gewaltbarometer** (**M 2 [L]**)[10]
1. Phase: Persönliche Einschätzung
Zwei große Blätter mit der Aufschrift »GEWALT« (rot = 10 = höchste Stufe der Gewalt) und »KEINE GEWALT (grün = 0 = gewaltfreie Situation) werden in der Mitte des Raumes ausgelegt. Zwischen beiden wird mit Tesa-Krepp eine Linie gezogen und eine Skala von 1–9 aufgetragen. Jede/r bekommt eine Situationskarte zugeteilt und versucht diese seiner Meinung nach passend auf dem Gewaltbarometer auszulegen.

10 Hier ergibt sich im methodischen Bereich eine Parallele zum Persönlichkeitsbarometer in Modul 3. Sinn ist es in beiden Modulen, das Vorverständnis der Schülerinnen und Schüler auf eine spielerische Art und Weise zu aktivieren und zum kontroversen Dialog anzuregen.

2. Phase: Interaktion
Innerhalb einer definierten Zeitspanne haben alle das Recht, jede Karte entsprechend der eigenen Bewertung an einer anderen Stelle des Gewaltbarometers zu positionieren.
Hinweis: In dieser Phase ist »jedes« Mittel erlaubt, seine eigene Sicht durchzusetzen: Diskussion mit Andersdenkenden, taktische Spiele, selbst »Gewalt«!

3. Phase: Reflexion
Abschließend gilt es die Form der Austragung möglicher Kontroversen zu rekapitulieren sowie die inhaltliche Dimension der Kontroverse zu problematisieren.

Anknüpfungsfragen:
- ✗ Welche Situationskarte blieb in der zweiten Phase unverändert liegen? Warum wohl?
- ✗ Welche Gewaltsituationen hingegen waren umstritten? Argumente für die jeweilige Einordnung?
- ✗ Wie wurde die Auseinandersetzung um die Einordnung dieser Situationskarten zwischen den Schülerinnen und Schülern ausgetragen?

4. Phase: Aktion
- ✗ Formuliert aus eurer Erfahrung mit »Gewalt an der Schule« drei eigene Situationskarten.

➤ **Gewaltdreieck** (strukturelle und personale Gewalt) (**M 3**)
- ✗ Welche Formen der Gewaltausübung sind »legal«, welche »illegal«?
- ✗ Gibt es »gute« und »schlechte« Gewalt?
- ✗ Ist der Gewaltbegriff beliebig oder gibt es eine grundlegende Übereinstimmung darüber, was zu Recht als Gewalt bezeichnet wird und was nicht?

➤ **Gestaltung von Gewaltsituationen in einer Collage**
- Gewalt in der Familie
- Gewalt im Krieg
- Gewalt gegen Ausländer
- Gewalt gegen Frauen
- …

Die Schülercollagen können während des Projekts in der Schule ausgestellt werden. Im Schulgottesdienst können sie erneut zur Geltung kommen und somit eine Art ästhetischen Rahmen für die Schulaktion darstellen.

Alternativen:
- einen Kurzfilm zum Thema »Gewalt in der Schule« zeigen und diskutieren,
  z.B. »Tommy und Beule« (Kurzspielfilm aus der ZDF-Serie »Achterbahn« von Thomas Draeger, Deutschland 1995, 28 Min.; vgl. das gleichnamige Jugendbuch von Wolfgang Bittner)
  »Thirty Five Aside oder Große Ranzen machen einsam« (Kurzspielfilm von Damien O'Donnell, Irland 1995, 27 Min.)
  »Der Fünfzigmarkschein« (Kurzspielfilm aus der ZDF-Serie »Achterbahn« von Gerburg Rohde-Dahl, Deutschland 1998, 28 Min.)
- individualisierte Vertiefungsmöglichkeiten des Themas »Gewalt«
  über die Arbeit an der CD-ROM »Konflikte XXL« (CD-ROM Infotainment von Günther Gugel u.a., Tübingen 2002, vgl. Literaturhinweise) im Computerraum

Aufgabe für eine Einzel- oder Gruppenarbeit zur CD-ROM:
- ✗ Verschafft euch einen inhaltlichen Überblick zum Aufbau der CD-ROM und sucht danach einen euch interessierenden Teilaspekt zum Thema »Gewalt« heraus.
- ✗ Arbeitet die gegebenen Informationen zu diesem Aspekt von Gewalt so auf, dass ihr im Plenum diesen in fünf Minuten anschaulich vorstellen könnt.

☐ BAUSTEIN 2: Gewalt überwinden (ca. 6 Std.)

Die Schüler/innen lernen allgemein-ethische und biblische Ansätze kennen, Gewalt zu überwinden, und befragen diese auf die Möglichkeit hin, sie zum Maßstab gemeinsamen Handelns werden zu lassen.

Organisation dieses Projekttages:
Alle SchülerInnen und Schüler der 8. Klassen einer Schule nehmen je eine Doppelstunde ein Angebot zum Thema Gewaltprävention wahr und wechseln dann den Gruppenraum.
Je nach Größe der Schule und Wissensschwerpunkten der Kolleginnen und Kollegen in Religion und Ethik sowie den Möglichkeiten, externe Fachleute (wie z.B. Polizei) hier zu integrieren, wird das Angebot variieren.

■ Das »Reutlinger Schema« umfasste fünf Teilaspekte des Themas:
- ☐ Bergpredigt (ev./kath. Lehrkraft)
- ☐ Martin Luther King (kath./ev. Lehrkraft)
- ☐ Mahatma Gandhi (ev./kath. Lehrkraft)
- ☐ Jugendkriminalität (Polizei)
- ☐ Angst und Aggression (Ethik-Kolleginnen/-Kollegen)

■ Hier wären auch alternative Bausteine denkbar:
- ☐ Glaube und Gewalt (vgl. entwurf 2/2002, S. 11 f)
- ☐ Krieg und Frieden in uns selbst entdecken (vgl. entwurf 2/2002, S. 31–35)
- ☐ Kriminalspiele im Religionsunterricht (vgl. entwurf 2/2002, S. 39–45)
- ☐ »Peace on Earth« (vgl. entwurf 2/2002, S. 52–54)
- ☐ ...

Wichtig ist, für eine methodische Abwechslung zwischen den verschiedenen Angeboten dieses Projekttages zu sorgen. Im Team war uns darüber hinaus wichtig, zentrale theologische Aussagen so zu inszenieren, dass sie Jugendlichen in der Pubertät zu einer attraktiven Kontrastwelt heutiger Wirklichkeitserfahrung werden können. Deshalb wird im Folgenden der Teilaspekt »Bergpredigt« ausgeführt.

Gewalt überwinden: Impulse der Bergpredigt (90 Min.)

Einführung:
Aus unserem Leben kennen wir unterschiedliche Erfahrungen und Wahrnehmungen von Gewalt. Gewalt hat viele Gesichter. Damit haben wir uns in unterschiedlichen Formen beim letzten Mal auseinandergesetzt. Man könnte – fast ein wenig ohnmächtig – fragen: Ist Gewalt überall? Gelten denn nur folgende Regeln, die in unserer Welt üblich sind:

Eine »moderne« Fassung der Seligpreisungen (**M 4**): Die »Regeln« werden (evtl. abwechselnd von Schülern) vorgelesen.

Aus der Tradition der bedeutenden Religionen kennen wir andere Ansichten, die eine menschlichere Welt zum Ziel haben, eine Welt der Gerechtigkeit und des Friedens.

Eine Tradition aus den bedeutenden Religionen sind die »Seligpreisungen«, die der Evangelist Matthäus in der Bergpredigt überliefert. Vermutlich sind es Worte, die auf Jesus selbst zurückgehen.

Zur Ruhe kommen (evtl. mit Entspannungsmusik und Teelichtern auf Meditationstuch; Radsymbol des Nikolaus von Flüe) und Nachdenken zur Fragestellung (in die Stille hinein):
✗ Wie sieht eine Welt aus, in der sich Menschen verstehen und glücklich sind?

Lesung der Seligpreisungen (zwei Personen abwechselnd) nach der Übersetzung »Gute Nachricht für dich«, alternativ auch: »Hoffnung für alle« oder »Volxbibel« (**M 5**).
Anschließend Stille.
✗ Welche Gedanken und Gefühle hattest du beim Hören (Vorlesen)?

Aufgaben zum Thema »Seligpreisungen«:
✗ Wähle eine der Seligpreisungen aus, die dich besonders anspricht.
- Schreibe die (ausgewählte) Seligpreisung auf und begründe deine Auswahl (in einigen Sätzen)!
- Achte darauf, welche Gedanken, Gefühle und Bilder dir beim Schreiben in den Sinn kommen.
- Erinnere dich, welche Gedanken und Gefühle du beim ersten Hören (der Seligpreisungen) hattest.
- Gestalte die Seligpreisung in Schrift und Bild (ein Wort-Bild gestalten).

✗ Ordne die Seligpreisungen und die Erklärungsversuche einander zu (**M 6–7**)
✗ Lies die Textinfo zur Bergpredigt und fülle den Lückentext dazu aus (als Textinfo eignet sich z.B. die Seite »Bergpredigt« aus dem Kursbuch Religion 2000 Band 7/8, S. 89. Ein Lückentext dazu: **M 8**).

❑ BAUSTEIN 3: Referenten-Tag (ca. 6 Std.)

Die Schülerinnen und Schüler lernen verschiedene gesellschaftliche Gruppen und deren Einsatz für ein gewaltfreies Miteinander kennen.

Auch bei diesem Baustein ist die Anpassung an die einzelne Schule und deren Möglichkeiten von entscheidender Bedeutung. Je breiter das Angebot aus unterschiedlichen gesellschaftlichen Ansätzen zur Gewaltprävention gebildet werden kann, desto herausfordernder und lehrreicher ist es für die Jugendlichen. Sie wählen zwei Angebote (eines am Vormittag und eines am Nachmittag) für sich aus und durchlaufen die von den Referenten vorgesehenen Programme.

Wünschenswert wäre, wenn die Angebote dieses Tages insgesamt für die Schülerinnen und Schüler kostenfrei organisiert werden könnten. Hierzu ist eine frühzeitige Anfrage z.B. beim Förderverein der Schule wichtig.

An der Hermann-Hesse-Realschule haben sich folgende Angebote inzwischen etabliert:
- »Schritte gegen Tritte« (Entwicklungspädagogisches Zentrum Reutlingen EPIZ; www.epiz.de)
- Projekt »Handschlag« (Täter-Opfer-Ausgleich; www.projekt-handschlag.de)
- Kreative Strategien zur Gewaltüberwindung (Spinnwebanalyse; vgl. in: Faller/Kerntke/Wackmann, Konflikte selber lösen. Trainingshandbuch für Mediation und Konfliktmanagement in Schule und Jugendarbeit, Verlag an der Ruhr, Mülheim ^{2}2009 [1996], S. 47)
- Erlebnispädagogik (z.B. Exkursion zu einem Kletterparcours, u.a. www.abenteuerpark-schlosslichtenstein.de)
- Jugendkriminalität vor Ort
  (Polizei; vgl. Baustein 2 – kann auch erst hier eingesetzt werden).

Mit diesem Baustein öffnet das Projekt die Schule für gesellschaftlich relevante Kräfte und somit für das gesellschaftliche Leben in ihrem Umfeld. Zugleich erhalten diese Gruppen die Möglichkeit, ihre Impulse zum Thema Gewaltprävention in die Schule einzubringen (»community school«).

❑ BAUSTEIN 4: Spielfilm zum Thema Gewalt (ca. 6 Std.)

Die Schüler/innen sehen einen Spielfilm unter dem Gesichtspunkt von Gewalt und Gewaltprävention an und setzen das Gesehene zu dem bisher Erarbeiteten in Beziehung.

Filmabend

Um eine kinoähnliche Situation zu erzielen, bietet es sich an, den ausgewählten Film zusammenhängend am frühen Abend in der Aula der Schule zu zeigen. In jedem Fall aber sollte ein Zerstückeln des Spielfilms auf mehrere Unterrichtsstunden vermieden werden.

Die Schülerinnen und Schüler können ggf. in die Filmauswahl mit einbezogen werden. Folgende Spielfilme, die z.B. im Ökumenischen Medienladen Stuttgart (ÖML) auszuleihen sind, wären prinzipiell denkbar (Filme rechtzeitig vorbestellen!):
- Gandhi (VS 2005; Großbritannien 1983 – 188 Min.; FSK: 12)
- Die Farbe Lila (DVS 004; USA 1986 – 153 Min.; FSK: 16!)
- Undercover (VS 2197; Großbritannien/Deutschland – 98 Min.; FSK: 12)
- Der einzige Zeuge (SF 327; USA – 112 Min.; FSK: 12)
- alaska.de (VS 2391; Deutschland 2000 – 86 Min.; FSK: 12)

In Reutlingen wurde im ersten Projektdurchgang der Gandhi-Film gezeigt. Dieser erwies sich jedoch als zu lang. In den beiden folgenden Jahrgängen sahen die Jugendlichen den Film »alaska.de«, eine Liebesgeschichte von Esther Gronenborn. Zu diesem Film werden von der Medienzentrale ein ausgesprochen umfangreiches Film-Heft (30 Seiten) sowie eine anregende Arbeitshilfe (10 Seiten) mitgeliefert, die viele Möglichkeiten für die gemeinsame Filmbesprechung eröffnen können.

Zur ersten Information hier einige Angabe aus dem Klappentext der Videokassette:
Der Film »alaska.de« arbeitet durchgehend mit Bildern und Symbolen. Sie zu entschlüsseln erlaubt es, in einer tieferen Dimension Möglichkeiten eines gewaltfreien, ja liebevollen Umgangs miteinander zu erahnen.

Polare Eiseskälte in deutschen Hochhaussiedlungen
Das Scheidungskind Sabine ist gerade zu ihrem Vater gezogen: Plattenbausiedlung, neue Schule, neue Gesichter. Die Sechzehnjährige ist auf sich allein gestellt. Ihr einziger Freund ist Eddi, ein Mitglied einer Jugendgang.
Der Mord geschieht überraschend. Ein überhitztes Streetballspiel, ein fremder Junge, ein gezücktes Messer. Plötzlich liegt der Unbekannte tot am Boden. Eddi und seine Freunde fliehen panisch. Sabine kommt hinzu. Vor Schreck lässt sie ihr Bio-Buch in die riesige Blutlache fallen. Mit einem Mal steht Sabine als Verdächtige und Mitwisserin zwischen den Fronten – und Fragen werden riesengroß. Es sind Fragen nach Loyalität, nach Angst, nach Liebe und dem Erwachsenwerden, nach Gut und Böse und dem Dazwischen ...

1. Beispiel (Vorspann des Films)
Während der Autofahrt mit ihrer Mutter nach Berlin zu ihrem Vater dreht Sabine unentwegt einen Lamettastab, wie man ihn öfters als Dekoration zu Eisbechern serviert. Erinnert Sabine dieser Gegenstand an harmonischere Zeiten in der Familie? Im sehr knappen Dialog sagt sie ihrer Mutter: »Du, man kann die kleinsten Dinge vermissen: Lippenstift, Haarspangen, Schmuck, alles.«

2. Beispiel (Schlussbild)
Das Schlussbild lässt einen utopischen Ausweg aus der Gewalt aufleuchten: Am Horizont der grauen Betonwüste steigt ein Heißluftballon in Regenbogenfarben in den leuchtenden Morgenhimmel. Micha wird in Handschellen abgeführt, während Sabine und Eddi in Gedanken mit dem Ballon das eiskalte Umfeld in eine bessere Zukunft hinein verlassen.

Filmauswertung
Die Auswertungsphase sollte sich möglichst zeitnah anschließen, z.B. am Nachmittag nach dem Filmabend:

- ▶ Filmstory anhand einer Beziehungsskizze zu den drei Hauptakteuren Sabine, Eddi und Micha in Erinnerung rufen.
- ▶ Fragen zum Film in Partnerarbeit (**M 9**)
- ▶ Gewaltdarstellung im Film – Gewalt bei uns? (Auswertungsrunde)

❏ BAUSTEIN 5: Projektabschluss (ca. 4 Std.)

Die Schülerinnen und Schüler bewerten die Kompakttage Religion rückblickend kritisch und legen auf unterschiedliche Weise dar, welche Lerneffekte die Beschäftigung mit dem Thema Gewalt bei ihnen ausgelöst hat:

- ▶ Wiederholung der wesentlichen Inhalte des Projekts (Vorbereitung der zentralen Klassenarbeit)
- ▶ Hinweise zur Gestaltung des Projektordners (Portfolio) sowie Festsetzung des Abgabetermins
- ▶ Rückmeldebogen für das Schüler-Feedback zu den Kompakttagen Religion/Ethik
- ▶ Klassenarbeit
- ▶ Rückgabe und Besprechung

❏ BAUSTEIN 6: Gewalt überwinden – Frieden finden
Vorschlag für einen Schulgottesdienst (ca. 4 Std.)

Die Schülerinnen und Schüler können das Erfahrene und Gelernte zum christlichen Umgang mit verschiedenen Formen von Gewalt in eine angemessene liturgische Form bringen und im Rahmen eines Gottesdienstes artikulieren.

Der abschließende Schulgottesdienst ist zwar in der Übersicht zum vierten Modul nur als fakultativ aufgeführt, er bildet jedoch für die religionsdidaktische Akzentuierung der Gewaltthematik einen unverzichtbaren Schlussstein der Schulaktion. Deshalb sollten Religionslehrer/innen gerade in seine Ausgestaltung viel Engagement und didaktische Kreativität investieren.[11]

- ▶ Einigung auf eine Leitidee für den Schulgottesdienst
  Wichtig: Es sollte einen klaren Bezug zu den Inhalten der Kompakttage geben
- ▶ Bildung von unterschiedlichen Teams zur Vorbereitung des Schulgottesdienstes:
  - ➤ Raumgestaltung
    - Lieder/musikalische Rahmung
    - Gebete (**M 10**)
    - Anspiel
    - Andacht
    - Einladung/Werbung
    - u.a.m.
- ▶ Koordination der einzelnen Elemente: Entwurf einer Liturgie (**M 11**)
- ▶ Feier des Schulgottesdienstes

5. Materialien

11 Weitere Vorschläge zu Schulgottesdiensten zum Thema »Gewalt«: »Verzicht auf Gewalt«, in: H. Rupp u.a., Bunte Pausen, Stuttgart 1995, S. 56–63. – »Manchmal möchte ich 'ne Bombe sein«, in: Praxis-Box (ejw), Stuttgart 1997, 22 f.

M 1 (L)

Muster für einen Lehrerbrief

Kompakt-Tage in Ethik und Religion
Gewalt hat viele Gesichter
Infobrief für Schüler und Eltern
der Klassen ...

Briefkopf, Datum

Liebe Schülerinnen und Schüler,
liebe Eltern!

Kurz vor Beginn des Projekts sind in diesem Brief wichtige Informationen und die genauen Termine zusammengestellt.

- **Materialien**: Schreibzeug, 1 Schnellhefter, Schere, Klebstoff und Illustrierte (für Collage zum Thema)

- **Kosten**: 5 Euro werden zu Projektbeginn eingesammelt (für außerschulische Referenten und zur Verfügung gestellte Materialien)

- **Termine**: Die folgenden Tage und Zeiten sind verpflichtende Unterrichtszeit:
  - **Projektbeginn ist am** .... **um** .... **Uhr** in der **Aula** mit Begrüßung, Informationen zum Verlauf, zur Arbeitsweise in Gruppen mit den beteiligten Lehrern und außerschulischen Referenten sowie zu den Räumen im Ev. Gemeindezentrum ..., in denen wir zu Gast sind. Nach ersten einführenden Gruppenarbeiten zum Thema ist das **Ende des Einführungsnachmittags um** .... **Uhr.**
  - **Filmabend:** .... **von** .... **Uhr bis** .... **Uhr (+ Ort)**
  - **Auswertungsnachmittag:** .... **von** .... **Uhr bis** .... **Uhr (+ Ort)**

- **Leistungskontrolle**: Aus den Kompakt-Tagen ergeben sich die Zeugnisnoten für die Schülerinnen und Schüler mittels der erarbeiteten Materialien im Ordner, einer Klassenarbeit (... Zeitpunkt ...) sowie der Mitarbeit (und des Verhaltens) während des Projekts.

Mit freundlichen Grüßen im Namen der beteiligten Kolleginnen und Kollegen aus den Fachschaften Ethik und Religion und in der Hoffnung auf ein interessantes und erfahrungsreiches Projekt

....
(Lehrer-Unterschrift)

✂---

Diesen Abschnitt unterschrieben zum Projektbeginn (... Termin wiederholen ...)!

Wir haben vom Infobrief Kenntnis genommen.

Unterschrift der Schülerin/des Schülers: .... Klasse: ....

Unterschrift einer/eines Erziehungsberechtigten: ....

M 2 (L)

Gewaltbarometer

Beispiele für Situationskarten

❍ Eine Englischlehrerin gibt der Klasse auf, Vokabeln auf den nächsten Tag zu lernen, obwohl Nachmittagsunterricht ist.

❍ Ein Klassenlehrer öffnet die Tasche eines Schülers, weil er vermutet, dass dieser an der Schule mit Drogen handelt.

❍ Eine Schülerin stört und wird vom Biologielehrer vor die Tür gestellt.

❍ Eine Französischlehrerin bittet eine Schülerin, die Tafel zu wischen. Der im Tagebuch eingetragene Tafeldienst hat nicht Französisch.

❍ Ein Rektor verweist einen Schüler von der Schule, weil dieser eine Lehrerin massiv beleidigt hat.

❍ Fünftklässler werden daran gehindert auf die Schultoilette zu gehen, weil Neuntklässler dort gerade rauchen.

❍ Eine Schülerin wird nach Unterrichtsschluss von einem Mitschüler auf der Treppe aus Versehen angerempelt.

❍ Drei Schüler einer sechsten Klasse fordern einen Mitschüler auf, ihnen am nächsten Tag zehn Euro mitzubringen. Anderenfalls werde er »etwas erleben«.

❍ Der Hausmeister öffnet wie üblich das Schulhaus erst eine Viertelstunde vor Unterrichtsbeginn, obwohl es draußen eisig kalt ist und viele Schülerinnen und Schüler schon warten.

❍ Während der Mathelehrer eine Hausaufgabe an der Tafel vorrechnet, wird er von einer »Grampe« am Hinterkopf getroffen.

❍ Die Schulordnung schreibt vor: *Das Schulgelände darf während der Großen Pause nicht verlassen werden.*

❍ Der Deutschlehrer äußert sich vor einer Klasse abfällig über eine »kranke« Kollegin.

❍ Im Zorn sagt eine Chemielehrerin zu einer Achtklässlerin: »Jemand wie du gehört nicht an unsere Schule!«

❍ Drei Mädchen einer Klasse lästern über eine Mitschülerin, die sie nicht leiden können, und spielen ihr wiederholt Streiche.

❍ ...

Hinweise:

- Jede Äußerung wird vergrößert auf einer Situationskarte festgehalten.
- Es bietet sich an, diese Sammlung auf mögliche bzw. tatsächliche Gewaltsituationen an der eigenen Schule hin zu erweitern und zu aktualisieren. Wichtig ist, ein möglichst großes Spektrum an Gewaltsituationen zu skizzieren: subtile und massive Gewalt, Gewalt gegen Schüler, gegen Lehrer sowie Gewalt der Schüler/innen oder Lehrer/innen untereinander.

M 3 Definition Gewalt

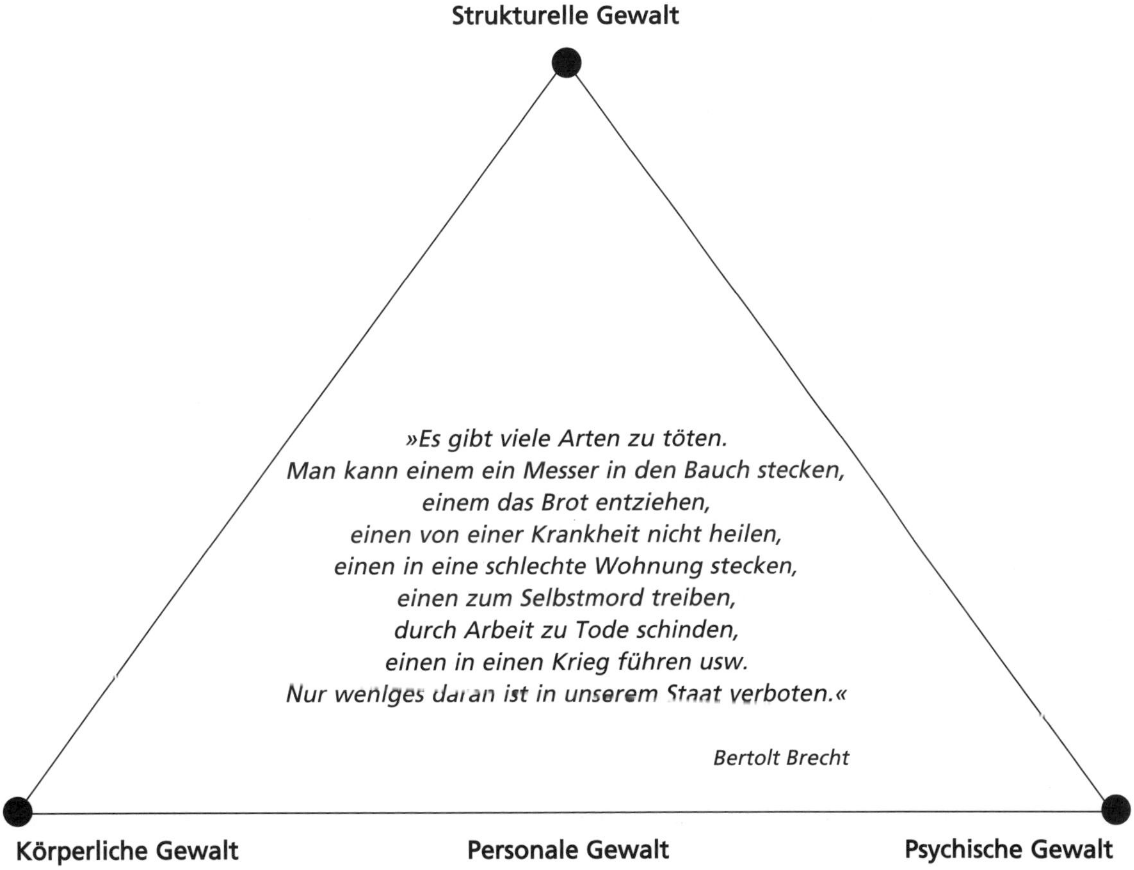

»Es gibt viele Arten zu töten.
Man kann einem ein Messer in den Bauch stecken,
einem das Brot entziehen,
einen von einer Krankheit nicht heilen,
einen in eine schlechte Wohnung stecken,
einen zum Selbstmord treiben,
durch Arbeit zu Tode schinden,
einen in einen Krieg führen usw.
Nur weniges daran ist in unserem Staat verboten.«

Bertolt Brecht

Zitat aus: Bertolt Brecht, Me-ti, Buch der Wendungen, Suhrkamp, Frankfurt a.M. 2000

»Den Typ von Gewalt, bei dem es einen Akteur gibt, bezeichnen wir als **personale** oder direkte Gewalt; die Gewalt ohne einen Akteur als **strukturelle** Gewalt. In beiden Fällen können Individuen im doppelten Sinne der Wörter getötet oder verstümmelt, geschlagen oder verletzt und durch den strategischen Einsatz von Zuckerbrot und Peitsche manipuliert werden. Aber während diese Konsequenzen im ersten Fall auf konkrete Personen als Akteure zurückzuführen sind, ist das im zweiten Fall unmöglich geworden: Hier tritt niemand in Erscheinung, der einem anderen direkt Schaden zufügen könnte; die Gewalt ist in das System eingebaut und äußert sich in ungleichen Machtverhältnissen.«

Johan Galtung, Frieden und Friedensforschung, Rowohlt, Reinbek 1980, S. 9

M 4 Eine »moderne« Fassung der Seligpreisungen

Regeln, die in unserer Welt üblich sind

Gut dran
sind die Reichen und die Einflussreichen, denn sie können sich alles leisten.

Gut dran
sind alle, die sich durch nichts erschüttern lassen, denn man lebt doch nur einmal.

Gut dran
sind die Rücksichtslosen, denn sie wissen ihre Rechte und Ansprüche durchzusetzen.

Gut dran
sind die Listigen, denn sie kennen die nötigen Tricks, um im Leben voranzukommen.

Gut dran
sind alle, die sich ihr Leben nicht vermiesen lassen durch das Leid anderer Menschen.

Gut dran
sind alle, die sich nicht mit Gewissensbissen plagen, denn nur so lässt sich's auf Kosten anderer leben.

Gut dran
sind die Starken, denn sie werden wissen sich zu wehren.

Gut dran
sind alle, die sich anpassen an das, was beliebt ist, denn so werden sie niemals anecken.

M 5 Die Seligpreisungen (Matthäus 5,3–12)

Jesus spricht:

»Freuen dürfen sich alle, die nur noch von Gott etwas erwarten und nicht von sich selbst;
denn sie werden mit ihm in der neuen Welt leben.

Freuen dürfen sich alle, die unter der Not der Welt leiden;
denn Gott wird ihnen ihre Last
abnehmen.

Freuen dürfen sich alle, die keine Gewalt anwenden;
denn Gott wird ihnen die Erde zum Besitz geben.

Freuen dürfen sich alle, die brennend darauf warten, dass Gottes Wille geschieht;
denn Gott wird ihre Sehnsucht erfüllen.

Freuen dürfen sich alle, die barmherzig sind;
denn Gott wird auch mit ihnen barmherzig sein.

Freuen dürfen sich alle, die ein reines Herz haben,
denn sie werden Gott sehen.

Freuen dürfen sich alle, die Frieden schaffen,
denn sie werden Gottes Kinder sein.

Freuen dürfen sich alle, die verfolgt werden, weil sie tun, was im Sinne Gottes ist,
denn sie werden mit ihm in der neuen Welt leben.

Freuen dürft ihr euch, wenn man euch beschimpft und verfolgt
und euch zu Unrecht alles Schlechte nachsagt, weil ihr zu mir gehört.

Freut euch und jubelt, denn Gott wird euch reich belohnen.
So hat man die Propheten vor euch auch schon behandelt.«

M 6 Die Seligpreisungen

(Matthäus 5,1–12)
1 Als er aber das Volk sah, ging er auf einen Berg und setzte sich; und seine Jünger traten zu ihm.

2 Und er tat seinen Mund auf, lehrte sie und sprach:

3 Selig sind, die da geistlich arm sind; denn ihrer ist das Himmelreich.

4 Selig sind, die da Leid tragen; denn sie sollen getröstet werden.

5 Selig sind die Sanftmütigen; denn sie werden das Land besitzen.

6 Selig sind, die da hungert und dürstet nach Gerechtigkeit; denn sie sollen satt werden.

7 Selig sind die Barmherzigen; denn sie werden Barmherzigkeit erlangen.

8 Selig sind, die reinen Herzens sind; denn sie werden Gott schauen.

9 Selig sind die Friedensstifter; denn sie werden Gottes Kinder heißen.

10 Selig sind, die um der Gerechtigkeit willen verfolgt werden; denn ihrer ist das Himmelreich.

M 7 Die Seligpreisungen – moderne Übertragungen

Freuen dürfen sich alle, die nur noch von Gott etwas erwarten und nicht von sich selbst; denn sie werden mit ihm in der neuen Welt leben. // *Es ist nicht nötig, dass ich versuche, meine Grenzen zu vertuschen und verstecken.*

Freuen dürfen sich alle, die unter der Not der Welt leiden; denn Gott wird ihnen ihre Last abnehmen. // *Es ist nicht nötig, dass ich verdränge, was mir weh tut.*

Freuen dürfen sich alle, die keine Gewalt anwenden; denn Gott wird ihnen das Reich Gottes zum Besitz geben. // *Es ist nicht nötig, dass ich mich durchsetze gegenüber jenen, die sich mir gegenüber durchsetzen möchten.*

Freuen dürfen sich alle, die brennend darauf warten, dass Gottes Wille geschieht; denn Gott wird ihre Sehnsucht erfüllen. // *Es ist nicht nötig, dass ich mich fordere und überfordere, um Gott nahe zu sein.*

Freuen dürfen sich alle, die barmherzig sind; denn Gott wird auch mit ihnen barmherzig sein. // *Es ist nicht nötig, dass ich Angst habe, ich käme zu kurz, wenn ich anderen Gutes tue.*

Freuen dürfen sich alle, die ein reines Herz haben, denn sie werden Gott sehen. // *Es ist nicht nötig, dass ich andere unter Druck setze, damit ich erhalte, was ich brauche.*

Freuen dürfen sich alle, die Frieden schaffen, denn sie werden Gottes Kinder sein. // *Es ist nicht nötig, dass ich mich stark mache gegenüber jenen, die mir Unrecht tun.*

Freuen dürfen sich alle, die verfolgt werden, weil sie tun, was im Sinne Gottes ist, denn sie werden mit ihm in der neuen Welt leben. // *Es ist nicht nötig, dass ich ungeschoren durchs Leben komme, um einen Sinn darin zu finden.*

M 8 Die ethische Botschaft Jesu in der Bergpredigt

Jesus war ein ________________ Wanderprediger. Seine Lebensauffassung hat er nicht selbst in einem ________________ hinterlassen. Die Evangelisten haben die Botschaft Jesu im Neuen Testament für nachfolgende Generationen schriftlich überliefert, weil sie davon überzeugt waren, dass die Botschaft Jesu eine lebens- und weltverändernde ________________ ist. Jesus selbst hat zu den Menschen seiner Zeit in einfacher und verständlicher Weise in Gleichnissen von der neuen Welt Gottes gesprochen. Auf immer wieder neue Weise ist die beginnende ________________________________ das Thema. Damit werden Hörer und Leser zur Mitwirkung an einer menschlicheren ______________ im Sinne Gottes ermutigt.

In Jesus selbst kommen so die Liebe und der Heilswille Gottes zum Vorschein: Menschen, die im ________________________ auf Gott leben, werden immer wieder neu fähig, anderen Menschen ____ zu begegnen.
In diesem Sinne ist auch die ethische Botschaft Jesu in der Bergpredigt zu verstehen.
Die Aufforderungen zu ________________________, Barmherzigkeit, Sanftmut, Verzicht auf Vergeltung und Wahrhaftigkeit haben die neue Welt Gottes – eine Welt der Gerechtigkeit und des Friedens – zum Ziel.
Das _______________________ der Liebe (die Liebe zum Nächsten und zu Gott) und **die »Goldene Regel«: »Behandelt die Menschen so, wie ihr selbst von ihnen behandelt werden wollt«**, sind die Zusammenfassung der ethischen Botschaft Jesu. Diese Forderung erfährt noch eine Zuspitzung im Gebot der Feindesliebe: Die Feindesliebe strebt die ________________________________ an. Mit der Achtung der Menschenwürde können persönliche, gesellschaftliche und nationale Feindseligkeiten überwunden werden.

Lückenwörter:
Botschaft, Buch, Doppelgebot, Friedfertigkeit, Gottesherrschaft, liebevoll und hilfreich, prophetischer, Überwindung von Gewalt, Vertrauen, Welt

M 9 alaska.de: Gewalt- (Darstellungen) im Film

1. Der Zuschauer wird hier mit verschiedenen Formen von Gewalt konfrontiert.
Notiere in Stichworten Beispiele und Szenen und ordne diese den verschiedenen Formen zu.

2. Besprich mit einem Partner/einer Partnerin, welches eurer Meinung nach die wichtigsten und problematischsten Gewaltszenen im Film sind.

3. Überlegt nun, welche Wirkungsabsicht auf den Zuschauer die Regisseurin mit diesen Szenen verfolgt.

4. Finden sich im Film Szenen, in denen Gewalt einzig »um der Darstellung von Gewalt willen« eingebaut sind? Benennt ggf. diese Szenen und begründet eure Einschätzung.

5. Formuliere ein ganz knappes persönliches Gesamturteil zur Darstellung von Gewalt im Spielfilm alaska.de.

M 10

Fürbittengebet zum Thema Gewalt überwinden – Frieden finden

Im Anschluss an die einzelnen Fürbitten stimmen wir ein in den Gebetsruf:

Hilf uns, Schritte zum Frieden zu gehen!

Herr, unser Gott, in unseren **Familien**

leiden Kinder und Eltern immer wieder unter Gewalt und Unfrieden, weil wir zu wenig bereit sind, aufeinander zu hören.
Gemeinsam rufen wir zu dir: *Hilf uns, Schritte zum Frieden zu gehen!*

Herr, unser Gott, in der **Schule**

leiden Schüler und Lehrer immer wieder unter Gewalt und Unfrieden, weil wir uns manchmal mit zu wenig Achtung und Verständnis begegnen.
Gemeinsam rufen wir zu dir: *Hilf uns, Schritte zum Frieden zu gehen!*

Herr, unser Gott, in unserer **Gesellschaft**

verhalten wir uns immer wieder, als würden wir zu kurz kommen oder etwas verpassen, weil wir in unserer Gier nach immer mehr immer unersättlicher werden.
Gemeinsam rufen wir zu dir: *Hilf uns, Schritte zum Frieden zu gehen!*

Herr, unser Gott, aus unserer **Welt**

sehen wir Bilder der Gewalt und des Terrors, die uns in ihrer Fülle abstumpfen lassen, weil wir uns als Zuschauer des Leids allzu sehr daran gewöhnen.
Gemeinsam rufen wir zu dir: *Hilf uns, Schritte zum Frieden zu gehen!*

Herr, unser Gott, …

M 11 Verlauf des Schulgottesdienstes

GEWALT ÜBERWINDEN – FRIEDEN FINDEN

Liturgie-Entwurf für den Schülergottesdienst am ...
um ... Uhr in der ... Kirche

Vor Beginn des Gottesdienstes: Ansingen der Lieder

Orgel

Votum und Begrüßung mit Einführung ins Thema

Lied: Jeder knüpft am eigenen Netz, Liederbuch für die Jugend (Quell Verlag), 574, Strophen 1+2 (evtl. mit Aktion und Ausbreiten des Netzes oder ein anderes Lied ohne Aktion)

Eingangsgebet und Psalmlesung

Rap-Song von Schülern zum Thema Gewalt

Aktion mit Plakaten zum Thema: Regeln, die in der Welt üblich sind – Seligpreisungen Jesu dazwischen

Lied: Herr, gib uns deinen Frieden (L 247 – EG 436)

Lied: Jeder knüpft am eigenen Netz (Strophen 3–5)

Fürbitten und Vaterunser

Gewalt hat keine Freunde

Lied: Wir haben Gottes Spuren festgestellt, L 642

Segen

Orgel-/Instrumental-Nachspiel

Einsammeln einer Kollekte (Zweck?)

Modul 5

Basics des Glaubens

Lernen durch Lehren im Religionsunterricht

Erarbeitet vom Projektteam »RU in der Pubertät«: Dorothea Weiss, Karlheinz Müller, Christina Hartig und Uwe Böhm

1. Bezug zum Theorieband

In den Schülerinterviews und vor allem auch in der Längsschnittuntersuchung wurden Erkenntnisse zur Selbsteinschätzung der Schülerinnen und Schüler gewonnen:

- Die Jugendlichen empfinden ihre Pubertät als spannende Lebensphase. Ihnen wird zunehmend in der Familie mehr Verantwortung zugetraut. Dies wünschen sie sich auch im schulischen Kontext.
- Die Jugendlichen äußerten den Wunsch, selbstständig und handlungsorientiert in Gruppen arbeiten zu dürfen, um Verantwortung zu übernehmen.
- Die Schülerinnen und Schüler genossen zum Teil die Freiräume, in denen sie Verantwortungsbereiche erhielten. Obwohl sie – wie auch andere (erwachsene) Menschen – schwankend in ihrer Ausdauer sind, können sie sich für biblische Themen begeistern, wenn sie diese eigenverantwortlich erarbeiten und gestalten dürfen.
- In offenen Lernformen entstehen Konflikte zwischen den Teampartnern, die bei der Konfliktbearbeitung personale und soziale Kompetenzen erfordern. Diese Kompetenzen können in entsprechend offenen Lernformen eingeübt werden.
- Vor allem die Mädchen entdeckten das Portfolio als individuell förderndes Bewertungsinstrument.

Der Religionsunterricht begleitet die Heranwachsenden, indem er Möglichkeiten zum Nachdenken über den Glauben schafft, einen Beitrag zur Allgemeinbildung und Teamarbeit leistet und Antworten auf wichtige Fragen der Jugendlichen sowie Lebenshilfe anbietet. Vor allem biblische Kenntnisse und Geschichten, die ansonsten nicht gerade zur Hitliste der Themenwünsche gehören, werden durch dieses Modul aus Sicht der Jugendlichen überwiegend positiv aufgenommen.

All diese Ergebnisse legen es nahe, eine Religionsdidaktik zu entwickeln, die die Verantwortungsübernahme fördert und elementare Lernformen mit offenem Charakter integriert. Gerade die konstant hohen Werte ihrer Selbsteinschätzung[1] über zwei Jahre hinweg und die Anzahl der Befragten (insgesamt ca. 850 Jugendliche) begründen die Vermutung, dass die Heranwachsenden in der Pubertät keineswegs von Selbstzweifel verunsichert sind, sondern ziemlich selbstbewusst in die Erwachsenenwelt hineinschreiten.

Die Aufgabe der Religionsdidaktik in der Sekundarstufe I ist es, mit den Jugendlichen in der Pubertät gemeinsam Wege religiöser Bildung zu suchen und dazu Lerninhalte und Lernwege altersgemäß anzupassen. Dies kann in einem Religionsunterricht gelingen, der die Eigentätigkeit der Schüler zulässt, gleichzeitig jedoch berücksichtigt, dass die Jugendlichen Unterstützung und Begleitung benötigen. Die Rolle der Lehrkraft verschiebt sich dabei vom Vermittler zum Moderator und Regisseur. Neue Formen der Leistungsbeurteilung und -bewertung müssen in diese Konzeption des Religionsunterrichts aufgenommen werden.

Der hier gewählte Ansatz »Lernen durch Lehren« ermöglicht Siebtklässlern, im Religionsunterricht einer 5. Klasse Unterrichtssequenzen durchzuführen. Sie bereiten diese

1 Vgl. U. Böhm / M. Schnitzler, Religionsunterricht in der Pubertät. Eine explorative Studie in den Klassen 7 und 8, Stuttgart 2008, S. 137 ff.

Sequenzen im Team vor und überlegen sich methodische und mediale Umsetzungen ihrer Ideen zu einem Thema. Dies fordert eine hohe Verantwortung der Schülerinnen und Schüler gegenüber den Fünftklässlern und ihren Teammitgliedern. Sie müssen sich in die jüngeren Schülerinnen und Schüler hineinversetzen und ihre Vorbereitungszeit bis zur Durchführung der geplanten Unterrichtssequenz nutzen. Zugleich ist der Prozess innerhalb der Teamarbeit offen und lässt Kreativität zu. Durch diesen Ansatz werden die personalen und sozialen Kompetenzen gefördert. Die Lehrperson gibt die Themenfelder vor und unterstützt nötigenfalls. Die inhaltliche Strukturierung und Gestaltung obliegt jedoch dem Schülerteam. Die Schülerinnen und Schüler der 7. Klassenstufe müssen sich mit Inhalten der 5. Klassenstufe (wieder) beschäftigen und lernen dadurch nachhaltiger. Durch die inhaltlichen und methodischen Überlegungen erwerben die Schülerinnen und Schüler fachliche und methodische Kompetenzen. Somit ist der Ansatz »Lernen durch Lehren« für Siebtklässler kompetenzorientiert und eine altersgerechte Herausforderung.

Die Rückmeldung sowohl der Siebtklässler als auch der betreuenden Religionskollegen auf diesen Ansatz von Religionsunterricht war ausgesprochen positiv:

- »Zunächst dachte ich, das schaffe ich nie. Aber dann war ich stolz darauf. Wir haben für die Fünfer eine ganz gute Stunde zusammengebaut!« (Siebtklässlerin)
- »Die Siebtklässler waren z.T. ganz schön streng. Aber die Fünfer haben gespurt, dass ich nur so gestaunt habe.« (begleitender Religionslehrer)
- »Da hat man sich gefühlt wie ein Lehrer – und das fand ich halt gut.«

Fünftklässler gaben sogar an, dass der Unterricht durch die Siebtklässler spannender und abwechslungsreicher wurde. Die Siebtklässler waren im Vorfeld unsicher, inwiefern sie das Niveau der Fünftklässler richtig treffen würden. Ihnen wäre das »Lernen durch Lehren« innerhalb der Jahrgangsstufe 7 lieber gewesen. Nach der Durchführung drückte ein Siebtklässler seine Erfahrungen so aus: »Ich habe gespürt, dass ich Macht besitze.« Diese Aussage offenbart eine neue (religions-)pädagogische Herausforderung.

2. Religionsdidaktische Einordnung des Moduls

Die Allgemeine Didaktik betont in den letzten Jahren die Eigenaktivität des lernenden Subjekts im Lehr-Lern-Prozess. Im Zentrum der didaktischen Analyse steht nicht der Bildungsinhalt, sondern das sich bildende Subjekt. Lernen soll nicht – zumindest nicht vorrangig – rezeptiv in der Vermittlung durch einen Experten erfolgen, sondern in einem selbsttätigen Prozess, der durchaus in Teilen ergebnisoffen bleiben kann. Die Religionsdidaktik nimmt diesen Perspektivenwechsel auf, indem sie stärker die Perspektive der Aneignung betrachtet als die der Vermittlung.[2] Um Einseitigkeiten zu verhindern, möchten wir betonen, dass eine Aneignung ohne Vermittlung (in mündlicher oder schriftlicher Form) nicht stattfindet.

Konstruktivistisch betrachtet, findet die Aneignung des zu vermittelnden Bildungsinhalts jedoch individuell statt.[3] Das lernende Subjekt folgt seinen individuellen Lerninteressen und -möglichkeiten, nähert sich in einem vorgegebenen Lernkontext einem selbst gewählten Lerninhalt an, erarbeitet sich diesen mittels verschiedenster Hilfsmittel, um ihn abschließend als »Experte« anderen, z.B. seinen Mitschülern, weiterzugeben. Der Lehrer versteht sich in diesem Lehr-Lern-Prozess als Lernberater. Er hilft dem lernenden Subjekt, möglichst effektive Lernwege zu finden. Man könnte diese neue Art des Lernens mit einem Sandwich vergleichen:
»Das Sandwich-Prinzip schreibt vor, zwischen möglichst kurze und informative kollektive Lernphasen möglichst umfangreiche Phasen des selbstgesteuerten Lernens einzuschieben. Die kollektiven Phasen dienen der thematischen Orientierung. Die Lehrpersonen führen mit vernetzenden thematischen

2 Vgl. U. Becker / Chr. Th. Scheilke (Hg.), Aneignung und Vermittlung. Beiträge zu einer Theorie und Praxis einer religionspädagogischen Hermeneutik, Münster 1995.

3 Vgl. K. Reich, Konstruktivistische Didaktik. Lehren und Lernen aus interaktionistischer Sicht, 2., überarb. Aufl., Weinheim 2004.

Übersichten in die Lehrplaneinheit ein ... und vermitteln jene Informationen, die sich die Lernenden nicht selbst erarbeiten können. In den eingeschobenen aktiven Lernphasen arbeiten sich die Lernenden in die Thematik ein, zum Beispiel in Form des ›wechselseitigen Lehrens und Lernens‹ ... und sie ordnen das aufgenommene Wissen mit kognitiven Landkarten.«[4]

In der methodischen Konkretisierung dieser Form des Lernens haben sich unterschiedliche didaktische Ansätze herausgebildet, die aber letztlich alle den Lernprozess schülerorientiert gestalten und Freiräume für individualisiertes Lernen eröffnen wollen:

- WELL (Wechselseitiges Lehren und Lernen)[5]
- SOL (Selbstorganisiertes Lernen)[6]
- Kooperatives Lernen (z.B. Gruppenpuzzle, Gruppenrallye)[7]
- LdL (»Lernen durch Lehren«, vor allem im Fremdsprachenunterricht)[8]
- Peer-Education (eher im außerschulischen Bereich)[9].

Neben einer dominant langen Phase des aktiven und konstruktiven Lernens ist allen diesen Ansätzen gemeinsam: Das lernende Subjekt übernimmt selbst Verantwortung für sein Lernen und gibt die Ergebnisse seines Lernprozesses anderen weiter. Hierbei können selbstverständlich auch Fehler und Ungenauigkeiten während der Aneignungs- und Vermittlungsphase innerhalb der Schülergruppen auftreten. Ebenso sind besondere soziale, kommunikative und methodische Fähigkeiten erforderlich oder werden zumindest eingeübt.

Die neuere Religionsdidaktik hat die Tendenz der Allgemeinen Didaktik, das Subjekt in seiner Selbstbildung zu betonen, adaptiert. Die Lebenswelt der Schülerinnen und Schüler sowie ihre entwicklungspsychologischen Verstehensmöglichkeiten bilden zunehmend den Ausgangspunkt für die Planung unterrichtlicher Prozesse: »Leben ist das Streben des Menschen nach Subjektivitätswerdung; das ist der fundamentale anthropologische Sachverhalt, von dem didaktisch auszugehen ist. Dieses Streben ist mehrdimensional; es drückt sich nicht nur in den Lebensaktivitäten der SchülerInnen aus, sondern unterliegt auch den sozialen und kulturellen Objektivationen ihrer Lebenswelt.«[10]

Folglich prägen in den letzten Jahren Lernformen den Religionsunterricht, in denen die Schülerinnen und Schüler selbst tätig werden, soziale Kompetenzen aufbauen und sich als Einheit von Leib und Seele[11] erleben können. Zu denken ist hier an Frei- und Projektarbeit, an Sozialpraktika oder kontemplative Lernformen.

Exemplarisch greifen wir zwei Bereiche heraus: *Teamarbeit* und *Portfolio.*

a) Teamarbeit in der Schule basiert auf Gruppenarbeit. Lehrkräfte klagen jedoch darüber, weil Gruppenunterricht oftmals misslingt: Die Qualität des Ergebnisses ist gering, einzelne Mitglieder hängen sich bloß an aktive Teilnehmer an, und zwischenmenschliche Konflikte verdrängen die inhaltliche Seite.

Für beide Bereiche gelten folgende Leitfragen: Wie kann Gruppenarbeit zu Teamarbeit werden? Wie können die Leistungen individuell bewertet werden? Welche Bedeutung hat der »Prozess« in der Gruppenarbeit und welche das »Produkt«?

b) Um es vorwegzunehmen: Vor allem das *Portfolio* sowie die Gruppenprotokolle waren hilfreich, um den Prozess und die Tätigkeiten der einzelnen Teammitglieder zu verfolgen. Leider haben die Schülerinnen und Schüler in der Studie beides negativ bewertet. Deshalb erläutern wir in den Bausteinen dieses Moduls beide Instrumente näher.

4 D. Wahl, Lernen heute, in: Lehren und Lernen 10/2005, S. 7.
5 Vgl. Lehren und Lernen 2005, Heft 10: Innovative Formen des Lehren und Lernens.
6 Vgl. G. Gnandt, Selbstorganisiertes Lernen im Projektunterricht; in: entwurf 2/2003, S. 24–28.
7 Vgl. S. Traub, Unterricht kooperativ gestalten. Hinweise und Anregungen zum kooperativen Lernen in Schule, Hochschule und Lehrerbildung, Bad Heilbrunn 2004.
8 Vgl. J.-P. Martin, Lernen durch Lehren; in: Die Schulleitung 4/2002, S. 3–9.
9 Vgl. Amt für Kinder- und Jugendarbeit der Ev. Kirche in Hessen und Nassau (Hg.), Peer-Education. Qualifizierung von Jugendlichen für Jugendliche. Projekte aus der Praxis, Darmstadt 2000.
10 G. Lämmermann, Religionsdidaktik, Stuttgart 2005, S. 228.
11 »Mein Leib und Seele freuen sich in dem lebendigen Gott.« (Ps 84,3).

Wie kann eine Gruppenarbeit zu einer Teamarbeit werden? Hierzu sind die Kenntnisse der Phasen einer Teamentwicklung für Lehrende wichtig. Oftmals gelingt Gruppenarbeit nicht, weil gruppenpsychologische bzw. gruppendynamische Faktoren nicht berücksichtigt wurden. Die Gruppe unterliegt den allgemeinen soziologischen Gesetzmäßigkeiten:

- Sie zeigt ein gemeinsames Verhaltensmuster bezogen auf das Ziel und den Zweck des Zusammenseins;
- sie entwickelt ein System gemeinsamer Normen zur Regelung der zwischenmenschlichen Beziehungen;
- sie bildet zwischen den Mitgliedern ein Rollendifferenzial (Rolle, Position, Status usw.) aus;
- sie besitzt ein komplexes Geflecht gefühlsmäßiger Wechselbeziehungen unter den Gruppenmitgliedern.

Ihr Selbstzweck besteht darin, durch kontinuierliches Zusammenwirken der Mitglieder ein Ziel zu erreichen.

Ergänzt wird diese Sichtweise durch Erkenntnisse gruppendynamischer Forschungen: Mit Hilfe von Prozessanalysen und verschiedenen Techniken der Soziometrie konnten Phasen herausgeschält werden, die jede Gruppe zwangsläufig erlebt. Diese Phasenmodelle sind wissenschaftstheoretisch unterschiedlich akzentuiert, stimmen aber in ihrer gleichbleibenden Gesetzmäßigkeit des strukturellen gruppendynamischen Verlaufs überein.

Wir geben das Phasenmodell mit Erläuterungen nach Pallasch[12] wieder:

Gruppenbildungsphasen	Inhaltsebene	Beziehungsebene
1. Phase: Forming	Kennenlernen der Aufgaben und der Verantwortlichkeiten	Einschätzen der Situation, des Umfeldes und der Abhängigkeiten; Kennenlernen und Abtasten der Mitglieder; Suche nach Anhaltspunkten und Hilfen
2. Phase: Storming	Schwierigkeiten mit den Aufgaben; Widerstand gegen die Aufgaben	Konflikte innerhalb des Teams; Aufbrechen von Feindseligkeiten und Spannungen; Bildung von Untergruppen möglich
3. Phase: Norming	Interpretationen der Aufgabenstellungen; Austausch von Informationen	Harmonisierung der Beziehungen; Festsetzung der Normen; Rollendifferenzierung; Teilnahme am Teamgeschehen; Entwicklung eines Teamzusammenhalts
4. Phase: Performing	Arbeiten an den Aufgaben; Auftauchen von Lösungen und Bewältigung der Probleme	Strukturierung und Festigung des Teams; geklärte funktionelle Rollenbezogenheit; gelöste Konflikte; informelle Kontaktaufnahme und Kooperationen
5. Phase: Informing	Darstellung des Prozesses und Produkts nach außen; Austausch mit anderen Gruppen und Beteiligten	Stabilität des Teams; gefestigte Teamidentität; vertiefender Kontakt zur Schulgemeinschaft und zu Kooperationspartnern

12 W. Pallasch, Gruppendynamische Hilfen bei der Kleingruppenarbeit, in: H. Gudjons, Handbuch Gruppenunterricht, 2., überarb. Aufl., Weinheim 2003, S. 83 ff.

Jede Kommunikation und Interaktion – wir folgen weiterhin der Argumentation von Pallasch – läuft sowohl auf der Inhaltsebene (Sache, Aufgabe, Problemstellung usw.) ab als auch auf der Beziehungsebene (zwischenmenschliche Aktionen, Reaktionen, Verhaltensweisen usw.). Beide Ebenen fließen ineinander. Aus analytischen Gründen ist eine Trennung sinnvoll, um das Wechselspiel beider Ebenen besser zu verstehen. Das Phasenmodell ist ein idealtypischer Verlauf der Gruppenarbeit. Die Zusammenarbeit in einer Gruppe tritt nicht immer zwangsläufig in dieser Reihenfolge auf. Z.B. kann die Stormingphase auch mehrmals im Prozess stattfinden. Wenn Freunde zusammenarbeiten, wird z.B. die Stormingphase auf der Beziehungsebene schneller durchlaufen.

In der Zusammenarbeit können verschiedene Phänomene auftreten:

1) Macht- und Positionskämpfe
Wenn die Positionen der Mitglieder definiert sind, scheint die Gruppe beruhigt zu arbeiten. Unter Umständen fühlen sich jedoch einzelne Gruppenmitglieder nicht wohl im Gruppengefüge, arbeiten aber trotzdem produktiv mit.

2) Balance zwischen den Polen
In der Kleingruppe muss eine Balance zwischen der Inhalts- und Beziehungsebene, zwischen dem aufgabenbezogenen und dem sozialen Pol gefunden werden. Mitglieder sorgen für das soziale, zwischenmenschliche Klima; andere kümmern sich um das Vorankommen in der Aufgabenlösung. Beide sind wichtig.

3) Sündenbockfunktion
In der Stormingphase kann die Aufgabe als zu schwierig abgelehnt werden. Da der Lehrer meistens der Aufgabensteller ist, sieht die Gruppe den Lehrer als Sündenbock an. Statt die Arbeit abzubrechen, ist dieser unbewusste Fluchtweg geeignet, die Schwierigkeiten zunächst abzugeben, um dann neu arbeitsfähig zu sein.

4) Modifikation der Aufgabe
Es kann passieren, dass die Gruppe, die nach der Stormingphase zu einer eigenen Arbeitsweise gefunden hat, die Aufgabenstellung in ihrem Sinn modifiziert. Der Lehrer sollte diese Möglichkeit akzeptieren, da die Gruppe auf ihr eigenes »Produkt« stolz ist.

5) Psychische Induktion
Gemeint ist, dass ein Gruppenmitglied beispielsweise plötzlich empfindet, dass es im Raum zu warm ist. Nimmt das Mitglied eine hohe Rangstellung ein, dann »spüren« plötzlich andere Gruppenmitglieder diese Hitze. Ein Einzelphänomen kann zum Gruppenphänomen werden und die gesamte Gruppenarbeit abdriften lassen. Wie bei einem elektrischen Feld erzeugt diese psychische Induktion eine ähnliche Spannung bei anderen Mitgliedern. Es bedarf einer gewissen Sensibilität, spannungsreduzierend einzuwirken.

6) Identifikationssymbole
Jedes Gruppenmitglied identifiziert sich über das gemeinsam erstellte »Produkt« und ist stolz darauf. Jede Gruppe hat das Bedürfnis, ihre Einzigartigkeit gegenüber den anderen Gruppen darzustellen. Erfundene Symbole (z.B. Namen, Bilder, Embleme) helfen hierbei.

Gruppenprotokolle geben nun den Stand sowie die Arbeitsweise innerhalb der Kleingruppe wieder. Dadurch sind die Lehrpersonen informiert. Beispiele finden sich im Baustein 4.

Das Portfolio kann ebenfalls die Gruppenprotokolle enthalten. Jedoch ist ein Portfolio mehr als ein Lerntagebuch. Ein Portfolio (lat. »Mappe«) besteht aus Elementen, die für die Schülerinnen und Schüler wichtig sind und die sie in einer Mappe, in einem Ordner oder Karton sammeln. In Form eines Portfolios stellen die Lernenden Erfahrungen und Erkenntnisse subjektiv und verschiedenartig zusammen. Es eignet sich deshalb am ehesten, um den individuellen Lern- und Erfahrungsgewinn bei den Schülerinnen und Schülern festzustellen.

Im Unterricht werden die Qualitätskriterien eines Portfolios sowie die möglichen Elemente besprochen. Es gilt der Grundsatz: Was im Portfolio enthalten ist, wird bewertet. Kritische Rückmeldungen zum Portfolio am Ende des ersten Schulhalbjahres durch die Lehrkraft ermöglichen dem Schüler, dass er sein Portfolio für die endgültige Zeugnisnote im zweiten Halbjahr verbessern kann.

Folgende Elemente kann ein Portfolio enthalten:
- Informationen über das Projekt
- Unterrichtsmaterialien (z.B. zum Kommunikationstraining)
- Gruppenprotokolle
- gesammeltes Material sowie aufbereitete Arbeitsmedien
- Dokumentation und Reflexion der Unterrichtssequenzen
- Fotos aus der Begegnung im Unterricht der Klasse 5
- Beobachtungen über Chancen und Grenzen der eigenen Fähigkeiten.

Hilfreich ist es, wenn die Schülerinnen und Schüler die Mappe schon vor Beginn des Moduls besitzen, damit sie auch Elemente der Planung und Vorbereitung einlegen können. Wenn das Modul abgeschlossen ist, sollten sie ihre Elemente nochmals auf Lesbarkeit, Gestaltung und Vollständigkeit überprüfen.

Jedes Portfolio muss ein Deckblatt und eine Übersicht über die beigelegten Elemente enthalten. Im zweiten Schulhalbjahr sollte die Rückmeldung der Lehrkraft berücksichtigt werden.

Ein Portfolio beantwortet wichtige Fragen aus der Planungs-, Durchführungs- und Reflexionsphase dieses Moduls:
- Was hat mich beschäftigt?
- Wo gab es Probleme?
- Was hat mich gefreut?
- Was war mir wichtig?
- Was habe ich Neues dazugelernt?
- Wie möchte ich weitermachen?

Zugleich dokumentiert das Portfolio alle Phasen des Moduls:
- Verlauf
- Organisation
- Vorbereitung
- Durchführung
- Reflexion.

Um die beigelegten Elemente beurteilen zu können, sind Qualitätskriterien notwendig. Sicherlich können diese Kriterien auch gemeinsam mit den Schülerinnen und Schülern erarbeitet werden.

Alternativ kann die betreuende Lehrkraft folgende dreistufige Qualitätsmerkmale erläutern:

	Beurteilung		
Qualitätsmerkmale	**herausragend**	**zufriedenstellend**	**nicht erfüllt**
Deckblatt und Gliederung sind vorhanden und korrekt beschriftet.			
Elemente sind sorgfältig gestaltet und übersichtlich strukturiert.			
Portfolio entspricht einer sinnvollen **inneren Ordnung**.			
Ablauf und **Phasen** sind ordentlich dokumentiert.			
Persönlicher Lernzuwachs ist klar und differenziert dargestellt.			
Eigene **Stärken** und **Schwächen** sind genannt und reflektiert.			
Unterrichtssequenzen sind übersichtlich **dokumentiert** und **reflektiert**			
Wichtige Fragen sind vorhanden und bearbeitet.			
Die **Gruppenprotokolle** sind vorhanden.			
Verschiedene Medien präsentieren das Projekt.			
Das Portfolio spiegelt die **selbstverantwortliche Arbeit** des Schülers bzw. der Schülerin wider.			

Die Qualitätskriterien geben den Grad der Sorgfalt, der Selbststeuerung sowie des Lernprozesses und Lerngewinns im Bereich sozialen, personalen und methodischen Lernens wieder. Zugleich wird die Motivation, Individualität und Persönlichkeitsentwicklung für die betreuende Lehrkraft sichtbar.

Abschließend sei ein Blick zurück erlaubt: Schwerpunktmäßig haben wir uns in der Projektgruppe des Schulentwicklungsprojekts »RU in der Pubertät« mit der Thematik »Andere Unterrichtsformen« beschäftigt, die aus unserer Sicht nachhaltig wirken: z.B. Stationenlernen, Gruppenpuzzle, Gruppenrallye, Rollenspiel/Theater oder Besuch in der Sozialstation. Für unser Modul haben wir dann folgende Ziele formuliert:

1. Die Schülerinnen und Schüler verbinden Bibel und Leben miteinander.
2. Sie führen ein Portfolio, um sich an die Inhalte zu erinnern.
3. Sie sind bereit und in der Lage, anderen Schülern etwas beizubringen.

Am Schluss kamen wir auf die »atemberaubende« Überlegung, ein jahrgangsübergreifendes Projekt zu initiieren. Das bedeutet: Die Schülerinnen und Schüler der 7. Klasse gehen mit einem Thema in die 5. Klasse.

Die sozialpädagogische Literatur nennt dies »Peer-Education«. Bei dieser komplexen Struktur muss an jeder Schule zunächst geklärt werden, was möglich ist: Muss ich als Lehrer, als Lehrerin sowohl in der siebten als auch in der fünften Klasse unterrichten? Welche Themen wären für beide Klassenstufen geeignet – vor allem wenn an der Bibelorientierung festgehalten wird?

Die Chancen des gewählten Vorgehens liegen darin, die Schüler der 7. Klasse auf die »Peer-Education« vorzubereiten, die das Thema selbst erarbeiten und vertiefen und dann anderen beibringen. Dadurch erwerben sie auch personale, methodische und soziale Kompetenzen, die der Bildungsplan 2004 verlangt. Zudem wird die traditionelle Raum-Zeit-Struktur aufgebrochen. Das Konzept selbst ist – wenn es gelingt – ein Selbstläufer: Die ehemaligen Fünftklässler möchten später als Siebtklässler ebenfalls in der fünften Klasse unterrichten.

Literaturhinweise

1. Lernen durch Lehren

Pädagogik 11/1997: Schüler als Lehrende

KLIEMANN, P.: Lernen durch Lehren, in: Impulse und Methoden, Stuttgart 1997, S. 38–55

MARTIN, J.P.: Lernen durch Lehren (LdL), in: Die Schulleitung 4/2002, S. 3–9

2. Neue Leistungsbewertung

GRUNDER, H.-U. / BOHL, TH.: Neue Formen der Leistungsbeurteilung in den Sekundarstufen I und II, Baltmannsweiler 2001

Landesinstitut für Erziehung und Unterricht (Hg.), Neue Formen der Leistungsmessung in der Realschule. Dokumentation des Schulversuchs 1999/2000 bis 2000/2001. RS 27, Stuttgart 2001

WINTER, F.: Leistungsbewertung. Eine neue Lernkultur brauchte einen anderen Umgang mit den Schülerleistungen, Baltmannsweiler 2004

3. Portfolio

LISSMANN, U.: Beurteilung und Beurteilungsprobleme bei Portfolios, in: R. Jäger (Hg.), Von der Beobachtung zur Notengebung. Ein Lehrbuch. Diagnostik und Benotung in der Aus-, Fort- und Weiterbildung, Landau 2000, S. 284–330

WILSON, S. / REBEL, K.: Das Portfolio in der Hand der Lehrerinnen/Lehrer. Sein Beitrag zu einer reflektierten Praxis, in: Pädagogisches Handeln 2001/2, S. 53–62

EASLEY, S.-D. / MITCHELL, K.: Arbeiten mit Portfolios. Schüler fordern, fördern und fair beurteilen, Mülheim an der Ruhr 2004

BRUNNER, I. / HÄCKER, TH. / WINTER, F. (Hg.): Das Handbuch Portfolioarbeit. Konzepte, Anregungen, Erfahrungen aus Schule und Lehrerbildung, Seelze-Velber 2006

HÄCKER, TH.: Portfolio: ein Entwicklungsinstrument für selbstbestimmtes Lernen. Eine explorative Studie zur Arbeit mit Portfolios in der Sekundarstufe I, Baltmannsweiler 2006

3. Perspektiven der Thematik nach den sieben Dimensionen des Bildungsplans 2004 (BW) für Evangelische Religionslehre

Mensch
- nehmen ihre Stärken und Schwächen wahr und schätzen ihre Möglichkeiten realistisch ein (vgl. RS 8)
- können sich in die Sichtweise anderer (jüngerer) Menschen hineindenken (vgl. HS 9)
- kennen das christliche Verständnis des Menschen als einzigartiges, wertvolles und ohne Gegenleistung geliebtes Geschöpf Gottes (RS 8)

Welt und Verantwortung
- sind in der Lage, gemeinsam mit anderen hilfreiche Regeln für die Zusammenarbeit zu entwickeln (RS 8)
- verfügen über gewaltfreie, partnerschaftliche Formen der Konfliktlösung (RS 8)
- übernehmen in ihren Bereichen Verantwortung (vgl. G 8)

Religionen und Weltanschauungen
- kennen wesentliche Elemente der jüdischen Glaubenspraxis und Feste (RS 8)

Thema:

Basics des Glaubens – Lernen durch Lehren

Kirche und Kirchen

Bibel
- können die Entstehung und den Aufbau der Bibel wiedergeben (vgl. HS 9)
- können eigene Gedanken zu biblischen Aussagen äußern und durch vielfältige und kreative Auseinandersetzungen die Bedeutung für sich klären (vgl. RS 8)
- können biblische Geschichten jüngeren Menschen erzählen (vgl. RS 8)

Jesus Christus
- können Geschichten von Jesus aus Nazareth wiedergeben und aus dem zeitgeschichtlichen Kontext verstehen (vgl. RS 8)
- wissen, wie sich Jesus den Menschen, insbesondere den Ausgegrenzten, zugewandt hat (RS 8)

Gott
- entdecken an Menschen in der Bibel, wie diese durch ihren Glauben gestärkt und ermutigt werden (HS 9)
- kennen die Geschichte eines Menschen, der sein Leben im Vertrauen auf Gott gestaltet (RS 8)

4. Die Bausteine

Das Modul im Überblick

Im Rahmen des Moduls sollten Schülerinnen und Schüler der Klasse 7 jahrgangsübergreifend eine Religionsstunde in Klasse 5 halten.

Zunächst bekommt die gesamte siebte Klasse in zwei Stunden ein kleines **Kommunikationstraining**, durch das jede/r lernen soll, gut zuzuhören, selbst mutig etwas vorzutragen und auf die Einhaltung von Regeln im Gruppengespräch zu achten.

In einer weiteren Stunde steht **Methodentraining** auf dem Stundenplan: Wie wollen wir mit den Fünftklässlern das Lernen gestalten? Was haben wir selbst schon im Unterricht erlebt? Was hat sich bewährt? Was würden wir mal gerne ausprobieren?

Schließlich geht es um die zu vermittelnden Bildungsinhalte. Dazu suchen sich die Schülerinnen und Schüler aus drei Themen des Bildungsplanes 5/6 ein Thema aus und bereiten zu zweit oder zu dritt ein Teilthema vor. Sie bekommen dazu Religionsbücher der Klassenstufe, Unterrichtsmaterialien für Lehrkräfte, Lexika, Bibel-CD-ROM usw. Ihre Aufgabenbereiche und Teilthemen sowie die methodischen Ideen für die Unterrichtssequenzen werden tabellarisch festgehalten.

Denkbar sind folgende Themen:
- Jesus
- David
- Kinder hier und anderswo

Das Thema »Bibel« kann als viertes Thema mit berücksichtigt werden. Manchmal beginnt der Religionsunterricht in der 5. Klasse mit der Bibel-Thematik. Damit ist dieser Bereich für das Modell »Lernen durch Lehren« nicht immer geeignet.

Tipps:
- Um weniger religiös sozialisierten Schülerinnen und Schülern der Klasse 7 eher gerecht zu werden, bietet sich ein breites Themenspektrum an, das auch nicht so zentral biblisch-theologische Themen beinhaltet (z.B. Kinder hier und anderswo).
- Religionsbücher der Klassenstufe 5/6 erleichtern die Orientierung.

Mittels Ergebnisprotokollen (**M 3**) dokumentieren die Schüler/innen ihren Vorbereitungsprozess über etwa vier Wochen und geben dabei der betreuenden Lehrkraft die Möglichkeit zu intervenieren – etwa für den Fall, dass die Vorbereitungen in einer Sackgasse zu enden drohen oder dass die Schüler Beratungsbedarf signalisieren.

Die Materialsammlung, die Stundenskizzen, die tatsächlich gehaltene Stunde (es können pro Team auch zwei Unterrichtsstunden sein) sowie deren reflektierende Nachbereitung sammeln die Schülerinnen und Schüler in einem Portfolio (vgl. **M 6**) (**L**).

Die Religionsnote für das Schuljahr setzt sich aus Teilnoten zusammen:
- der in Klasse 5 gehaltenen Unterrichtsstunde
- dem Portfolio (und den Protokollen)
- sowie der mündlichen Mitarbeit im Unterricht bei der Durchführung zweier klassischen Unterrichtseinheiten der 7. Klasse.
- Denkbar wäre darüber hinaus eine Klassenarbeit zu den beiden klassischen Unterrichtseinheiten.

Die Eltern werden beim Elternabend der Klasse durch Schüler auf das Projekt hingewiesen. **M 7** ist ein möglicher Informationstext, den verschiedene Schülerinnen und Schüler zum Teil auswendig vortragen können.

Da die Materialien der drei Themengebiete, die die Schülerinnen und Schüler erarbeitet haben, sehr umfangreich sind, können sie leider hier nicht abgedruckt werden. Die Schülerinnen und Schüler der beteiligten Klassen erstellten unterschiedliche kreative »Produkte«.

Die Bausteine im Einzelnen

❑ BAUSTEIN 1: Möglicher Organisationsplan

Die Schülerinnen und Schüler bilden Kleingruppen, die innerhalb eines der drei Themen für eine oder zwei Unterrichtsstunden verantwortlich sind. Sie arbeiten in drei Phasen, die jedoch zwischen den Teams zeitversetzt verlaufen: Planung – Durchführung – Reflexion. Deshalb ist ein Zeitplan über das Schuljahr bzw. Schulhalbjahr zur Orientierung hilfreich.

Die im Folgenden wiedergegebene Stundenplanstruktur ist exemplarisch und berücksichtigt die örtlichen Gegebenheiten der Schule. Sie stammt aus den Projektgruppen des Schulentwicklungsprojekts »RU in der Pubertät«.

Organisationsplan

Inhalt-Zeit-Raum-Struktur für das Schuljahr 2002/2003

Schulwoche	Phasen	Klasse 7	Klasse 5
1		sich kennenlernen als Lerngruppe	
2	Einführung	– Motivation – Übersicht – Notenfindung – Portfolio – Themenwahl	
3	Kompetenzübungen	Kommunikationstraining	Gemeinsam neu anfangen (Ich – Du – Wir)
4		Methodentraining	
5	Information	– In der Kleingruppe (mehrere Teams mit gleichem Themenfeld) werden die Materialien untersucht und auf die Teams verteilt: Wer übernimmt welchen Teil des Themenfeldes? – Die Teams informieren sich über ihr Teilthema: Lehrermaterialien, Schulbuch, CD-ROM, Internet ...	
6	Gestaltung	Die Teams überlegen sich einen Ablauf der Unterrichtsstunde, legen die Ziele fest und wählen die passenden Materialien aus.	
7	Präsentation	Die Teams präsentieren den anderen ihr Vorhaben.	

8	Kriterien für Portfolio	Gemeinsam den Unterricht in Klasse 5 überlegen und wenn möglich schon erstellen	**David**
9	Weiterarbeit	Einige Teams arbeiten weiter.	
10	Reflexion	Die Teams berichten.	
11	Verbesserung	Verbesserung der geplanten, bisher nicht durchgeführten Stunden	
12	Klassenarbeit	Teams gestalten Teilaufgaben der Klassenarbeit.	Klassenarbeit
13			
14	Weihnachtsfeier	Gemeinsames Frühstück	
15	Kompetenztraining	Sprache, Methoden	**Jesus**
16	Portfolio	Schüler zeigen erste Portfolio-Entwürfe. Lehrer/in nennt Verbesserungsmöglichkeiten	
17			
18			
19			
20	eine klassische Unterrichtseinheit		
21			
22			
23			Kinder hier und anderswo
24			
25	eine weitere Unterrichtseinheit		
26			
27			
28			
29			Klassenarbeit
30	Klassenarbeit	Beispiele und Ergebnis aus der Klassenarbeit	Weitere Unterrichtseinheit (z.B. Bibel)
31			
32	Rückblick	Feedback	
33			
34			
35	Fragebogen-Aktion	– Durchführung der Befragung – Wünsche für Klasse 8	
36	Abschlussstunde vor den Sommerferien		

Eine Religionsstunde in Klasse 5 sollte eine Randstunde sein, in der die Siebtklässler nach Möglichkeit keinen Unterricht haben.

◘ BAUSTEIN 2: Kommunikationstraining

Die Schülerinnen und Schüler trainieren das freie Sprechen anhand von Witzen und einem vorgegebenen Text. Sie üben, sich wechselseitig ein Feedback zu geben. Sie lernen, sich durch Fragen einem Thema zu nähern und auf ihre Fragen Antworten zu finden. Zugleich strukturieren sie ihr Themengebiet.

1. Schritt: Witze erzählen
2. Schritt: vorgegebenen Text frei vortragen
3. Schritt: aktives Zuhören durch verbales Spiegeln
4. Schritt: Fragen gruppieren und Themenfeld dadurch strukturieren

Diese vier Schritte können in drei bis vier Unterrichtsstunden stattfinden. Dies hängt von der Gruppengröße sowie von der zeitlichen Gewichtung der Lehrperson ab.

1. Schritt: Witze (45 Min.)

Ziel: Aufmerksamkeit anderer gewinnen; freies Sprechen vor einer Gruppe aushalten können

Aufgabe: Schüler erzählen sich Witze (vgl. Bildungsplan Deutsch).
Warum Witze im Religionsunterricht? »Guter« RU ist, wenn man im Unterricht auch mal lachen kann! Zugleich ist es ein sehr kurzer Vortrag, der vom Inhalt her schon Spannung und Neugier beinhaltet.

Strukturierung dieser Phase:
- Eröffnung: Lehrer/in erzählt drei Lieblingswitze und gibt dadurch das Niveau und die Qualität vor.
- Stillarbeit: Jede/r schreibt sich einen »guten« Witz auf.
  Wem gar nichts einfällt, kann einen der drei Lehrerwitze aufschreiben.
- Gespräch: Was ist für den Vortrag wichtig?
- Partnerarbeit: sich gegenseitig den ausgesuchten Witz erzählen und ggf. Verbesserungsvorschläge erarbeiten!
- Plenum: Jede/r trägt seinen Witz vor (auch wenn es Wiederholungen gibt; hier geht es um den individuellen Vortrag!).
- Prämierung des »besten« Witzes: dabei wird auf Inhalt und Vortragsweise geachtet.

2. Schritt: Kurzvortrag (15 Min.)

Ziel: Selbstbewusstes und kontrolliertes Sprechen vor anderen einüben

Aufgabe: Vorgegebenen Text spontan und frei vortragen
Der Text »Ich kann reden!« (**M 1a**) wird in der Gruppe (4 bis 5 Personen) folgendermaßen vorgetragen: Jeder liest zunächst den ganzen Text und wählt sich einen Abschnitt aus. Diesen Abschnitt trägt er den anderen vor, indem er ihn nicht abliest, sondern kurz einprägt und mit Blickkontakt zu den anderen spricht. Danach geben die Zuhörer Rückmeldung, was ihnen aufgefallen ist.

Vertiefung: Gibt es Rezepte für gutes Reden?
- Gruppenarbeit: Jeder liest zunächst den gesamten Text. Dann spezialisiert sich jeder auf einen Abschnitt des Textes und fasst das Wichtigste für sich zusammen, um es seinen Mitschülern vorzutragen. Schließlich wird in der Gruppe der gesamte Text durch die Beiträge der Einzelnen in Erinnerung gerufen/ rekapituliert.
- Zusammenfassung: Erste Schritte zur Redekunst

Hausaufgabe:
- ✗ Stelle zu einem der drei Themenfelder (David // Jesus kommt aus Nazareth // Kinder – hier und anderswo) drei Fragen.
- ✗ Du kannst in einer (Kinder-)Bibel nachschauen, im Internet suchen oder deine Eltern fragen, um deine drei Fragen vorläufig zu beantworten.
- ✗ Schreibe die Antworten zu den drei Fragen auf und bringe beides das nächste Mal mit.

3. Schritt: Zuhören (45 Min.)

Ziel: Aktives Zuhören üben; den anderen ernst nehmen

Aufgabe: Fragen zum Themenfeld klären
Zu Hause hast du dir drei Fragen für euer Themenfeld überlegt. In Partnerarbeit bearbeitest du nun diese Fragen folgendermaßen (Zeit: 15 Min.):

Arbeitsanweisung:
1. Person A nennt ihre erste Frage zu dem von ihr ausgewählten Teilthema (z.B. Wann ist die Bibel entstanden?).
2. Person B wiederholt die Frage, um zu zeigen, dass sie den Sinn der Frage verstanden hat. Sie beginnt immer so:
»Du meinst, es ist für die Fünftklässler wichtig zu erklären, ... z.B. wann die Bibel entstanden ist?«
3. Person A bestätigt die Wiederholung (auch Spiegelung genannt) oder ergänzt nötigenfalls.
4. Dann wird getauscht, und Person B stellt ihre erste Frage. In diesen Schritten geht es durch alle sechs Fragen.
5. Nachdem ihr alle sechs Fragen durch die gegenseitige Spiegelung geklärt habt, einigt ihr euch auf die drei wichtigsten Fragen aus eurer Sicht. Diese schreibt ihr dann auf Moderationskarten.

M 1b (**L**) ist als Vorlage für die Lehrerhand bestimmt. Als Folie kann sie das schrittweise Vorgehen im Tandem begleiten und klarer strukturieren.

4. Schritt: Gruppenkommunikation (30 Min.)

Ziel: Themenfelder gemeinsam in eine Reihenfolge bringen

Aufgabe: Gliederung innerhalb des Themenfeldes
Alle Fragen des Gesamtteams für eine Unterrichtseinheit wurden im letzten Schritt auf Moderationskarten geschrieben. Die Karten werden nun inhaltlich gruppiert und dann in eine logische Reihenfolge gelegt. Die Schüler schreiben den Ablauf auf Folie. Zwei Schüler/innen präsentieren die Folie vor der Klasse. Diese gibt der Gruppe ergänzende bzw. korrigierende Kommentare.

Die Schüler bearbeiten folgende Aufgaben in der Themenfeld-Gruppe:

Arbeitsanweisung: In der Themenfeld-Gruppe arbeitet ihr mit euren drei ausgewählten Fragen folgendermaßen weiter:
1. Jedes Tandem bringt drei gute Fragen zum Themenfeld ein. Welche Fragen gehören zusammen? Bildet aus den Moderationskarten Fragegruppen.
2. Überlegt euch mit Hilfe der Fragengruppen eine mögliche Abfolge der einzelnen Stunden in Klasse 5.
3. Schreibt den Ablauf auf Folie und stellt ihn in der Klasse vor.

❏ BAUSTEIN 3: Methodentraining[13]

Die Schülerinnen und Schüler werden sich des Lehr-Lern-Prozesses bewusst und reflektieren die Methodenwahl. Sie entdecken zudem neue Formen der Vermittlung von Inhalten.
1. Schritt: erlebte Methoden sammeln
2. Schritt: neue Methoden finden
3. Schritt: in Kleingruppen methodische Möglichkeiten klären (**M 2a**)

In ein bis zwei Schulstunden können diese Schritte durchlaufen sein.

13 Je nach Schule kann an das Vorwissen der Schülerinnen und Schüler aus dem Methodencurriculum der Klassen 5 und 6 angeknüpft werden.

1. Schritt: Ideen (ca. 10 Min.)

Ziel: Eigene Erfahrungen und Möglichkeiten klären

Aufgabe: Welche Methoden habe ich in letzter Zeit im Unterricht erlebt?

Arbeitsanweisung: Jede/r schaut sich seine Hefte durch und sammelt schriftlich zunächst verschiedene methodische Formen, Beispiele und Möglichkeiten, die im Unterricht vorkamen. Z.B. Tafelanschrieb, Rollenspiel, Erzählung, Quiz, Folie auf Tageslichtprojektor, Gruppenarbeit, Plakatwand, Arbeit im Schulbuch. Dann sollen die Schüler eine Häufigkeitsliste erstellen: »Welche Methode kam für dich am häufigsten vor?« Einzelne Schüler/innen lesen ihre Liste vor.

2. Schritt: Neue Möglichkeiten (ca. 5 Min.)

Ziel: Neue, kreative Methoden entdecken

Aufgabe: Was wäre methodisch noch denkbar?

Arbeitsanweisung: Lehrer/in sammelt an der Tafel die Schülerideen.

3. Schritt: Unsere Möglichkeiten (ca. 30 Min.)

Ziel: Eigene Wünsche berücksichtigen und in der Gruppe klären

Aufgabe: Wie wollen wir es bei den Fünfern machen?

Arbeitsanweisung: Jede/r schreibt sich zwei Methoden auf Kärtchen, die er/sie gerne einmal ausprobieren möchte. Im Gesamtteam eines Unterrichtsthemas werden die Kärtchen gebündelt. Die Gruppe überlegt, welche Methoden mit welchen Fragen, Themen und Inhalten zusammenpassen. Ein möglicher Ablauf wird in einer Tabelle des Arbeitsblattes (vgl. **M 2a**) festgehalten und der Lehrkraft abgegeben.

4. Schritt: Planung der einzelnen Stunde (ca. 30 Min.)

Ziel: Die konkrete Stunde planen

Aufgabe: Jede Kleingruppe konkretisiert ihre Einzelstunde anhand des Phasenschemas (**M 2b**). Das Muster (**M 4**) kann dabei helfen.

◘ BAUSTEIN 4: Gruppenprotokoll (M 3) und Portfolio (M 6) (L)

Wie oben schon erläutert, sind die Portfolios und die Ergebnisprotokolle neben den gehaltenen Stunden die Grundlage für die Leistungsbewertung (**M 4 – M 6 [L]**).

◘ BAUSTEIN 5: Information für den Elternabend in Klasse 5 (M 7)

Schülerinnen und Schüler stellen den Eltern der Fünftklässler das Projekt »Lernen durch Lehren« selbst vor. Einen möglichen Informationstext haben wir abgedruckt.

5. Materialien

M 1a

Ich kann reden!

Ich kann reden! Das weiß ich ganz genau. Ich rede so oft und immer komme ich gut durch. Immer fällt mir etwas Sinnvolles ein. Ich werde den Faden schon nicht verlieren. Und wenn doch, dann ist es auch nicht schlimm, denn das passiert schließlich den anderen auch. Nur Ruhe bewahren, dann fließen und sprießen die Gedanken ganz schnell wieder.

Ich habe keine Angst. Nein! Vor wem denn auch. Ich habe mich gut vorbereitet; ich weiß Bescheid. Wenn ich rede, dann bin ich der Experte. Viele andere können mir nicht einmal das Wasser reichen. Und wenn ein bisschen Lampenfieber da ist – was soll's?! Das ist normal und macht mich nur noch leistungsfähiger.

Ich atme tief durch, halte die Luft etwa 4 Sekunden an und atme dann ganz langsam aus, bevor ich mit dem Reden beginne. Das beruhigt und strafft den Oberkörper. Ich bemühe mich, nicht zu schnell zu reden, denn das fördert nur die Hektik. Ich bremse gelegentlich mein Sprechtempo und lasse auch schon mal eine kurze Pause. Das ist für mich gut – und für meine Zuhörer auch!

Meine Gedanken sind klar und gut verständlich. Meine Körperhaltung spiegelt mein Selbstvertrauen. Ich spreche deutlich, natürlich! Meine Stimme ist kräftig. Ich habe keine Scheu, die Mitschüler selbstbewusst anzuschauen, meinen Blick ruhig schweifen zu lassen – von einem zum anderen. Ich spreche ruhig und locker, freundlich und lebendig. Ich will überzeugen und ich kann überzeugen! Ich bemühe mich. Ich arbeite an mir. Und mehr kann niemand von mir verlangen.

Reden ist besser als Schweigen. Davon bin ich überzeugt. Reden muss sein, damit ich im Leben Erfolg habe. Wer nicht reden kann, der wird schnell untergebuttert. Nein, mit mir nicht. Ich will mich bewähren. Ich will es mir und anderen zeigen, dass ich kein Feigling bin und dass ich schon die richtigen Worte finden werde.

Ich muss ja nicht perfekt sein! Wer ist schon perfekt!? Reden kann man immer nur versuchen. Und je häufiger ich es versuche, umso besser und routinierter werde ich. Ich bin auf dem besten Wege, ein guter Redner zu werden. Meine Mitschüler werden staunen, wie gut ich reden kann. Reden können ist ein Hochgenuss!

Aus: Heinz Klippert, Kommunikationstraining, Beltz Verlag, Weinheim, [8]2010, S. 163

M 1b (L)

Lernen durch Lehren:
Zuhören lernen

Bearbeitet folgende Aufgaben im **Zweierteam**:

1. Ein Schüler, eine Schülerin nennt eine Frage zu dem von ihm oder ihr ausgewählten Thema. (z.B. Wann ist die Bibel entstanden?)
2. Der Partner wiederholt die Frage, um zu zeigen, dass er den Sinn der Frage verstanden hat. Er beginnt immer:
   »**Du meinst, es ist für die Fünftklässler wichtig zu erklären**, ... z.B. wann die Bibel entstanden ist?«
3. Der erste Schüler **bestätigt** die Spiegelung **oder ergänzt** notfalls.
4. Dann wird **getauscht**, bis alle sechs Fragen einmal gespiegelt sind.
5. Nachdem ihr alle sechs Fragen durch die gegenseitige Spiegelung geklärt habt, einigt ihr euch auf **die drei wichtigsten Fragen**.

Bearbeitet folgende drei Aufgaben in der großen Gruppe (alle Schüler zu einem Thema)

6. Jedes Team bringt drei gute Fragen zum Thema ein.
   Welche Fragen gehören zusammen? Bildet Fragegruppen.
7. Überlegt euch mit Hilfe der Fragen **eine mögliche Abfolge der einzelnen Stunden** in Klasse 5.

Schreibt den **Ablauf auf Folie** und stellt ihn in der Klasse vor!

M 6 (L)

Das Portfolio

Ein Portfolio (»Mappe«) besteht aus verschiedenen Bausteinen, wie z.B. einzelne beschriebene Blätter, Gruppenprotokolle, Unterrichtssequenzen, Materialien, Fotos, Zeitungsartikel usw. zu eurem Thema.
Ein Portfolio spiegelt den individuellen Lernprozess wider: Was hat mich beschäftigt? Wo gab es Probleme? Was hat mich gefreut? Was war mir wichtig? Woran möchte ich weiterarbeiten? Welche Fähigkeiten und Kenntnisse habe ich erworben? Was habe ich Neues dazugelernt?

Qualitätsmerkmale eines Portfolios

- *Deckblatt* und *Übersicht* sind vorhanden und korrekt beschriftet.
- *Elemente* sind sorgfältig gestaltet und übersichtlich strukturiert.
- Portfolio entspricht einer sinnvollen *inneren Ordnung.*
- *Ablauf* und *Phasen* sind ordentlich dokumentiert.
- *Persönlicher Lernzuwachs* ist klar und differenziert dargestellt.
- Eigene *Stärken* und *Schwächen* sind genannt und reflektiert.
- Unterrichtssequenzen sind übersichtlich *dokumentiert* und *reflektiert.*
- *Wichtige Fragen* sind vorhanden und bearbeitet.
- Die *einzelnen Unterrichtssequenzen* sind sorgfältig beschrieben.
- *Verschiedene Medien* präsentieren die Erfahrungen während des Lernprozesses.
- Das Portfolio spiegelt die *eigenverantwortliche Arbeit* des Schülers/der Schülerin wider.

Jeder Schüler und jede Schülerin entscheidet selbst, was in das Portfolio hineinkommt. Es wird nur das bewertet, was im Portfolio enthalten ist. Im Lauf des Schuljahres kann das Portfolio dem dem Religionslehrer/der Religionslehrerin vorgelegt werden, um konkrete Verbesserungsmöglichkeiten herauszufinden. So kann die Mappe immer wieder verändert werden.

M 2a

Arbeit in Kleingruppen

Themenfeld: Bibel

Namen der Gruppenmitglieder:

Fragen	Themen/Inhalte	Methoden	Team	Aufgaben
Wann entstand die Bibel?	– zeitliche Einordnung – Unterscheidung Altes und Neues Testament	– Plakat – Kreuzworträtsel		– Infos sammeln – Plakat und Stifte besorgen – Kreuzworträtsel erstellen
Ist das überhaupt passiert, was in der Bibel steht?	– Probleme bei der Übersetzung – Wer hat was aufgeschrieben?	– Plakate mit Übersetzungsbeispiele – zwei Bibeltexte vergleichen		– Plakate beschriften – Bibeltexte suchen (Haben die Fünfer Bibeln im Klassenzimmer?)

M 2b

Die vier Unterrichtsphasen

Unterrichtseinheit:

Thema der Unterrichtsstunde:

Klasse:

Datum:

Ziel der Stunde:

Geplanter Unterrichtsverlauf

Unterrichtsphase	Was machen wir als Lehrer/innen? Was sollen die Fünftklässler tun?	Wie viel Zeit?	Welche Materialien müssen wir vorbereiten?
I. Einstieg			
II. Erarbeitung			
III. Anwendung			
IV. Kontrolle			

M 3

Lernen durch Lehren

Protokoll zur Vorbereitung unserer Religionsstunde in Klasse 5

Datum:
Ort:
Thema der Religionsstunde:
Protokollant/in:

Unsere Ziele für das heutige Treffen:
1. ...
2. ...
3. ...

Das haben wir **heute erreicht**:
1. ...
2. ...
3. ...

Wer erledigt **bis zum nächsten Treffen** was?

Aufgaben zum nächsten Treffen:	Wer?

Hier benötigen wir die Hilfe des Religionslehrers:
1. ...
2. ...
3. ...

Nächstes Treffen zur Vorbereitung
Wann?
Wo?

M 4

Phasen einer Unterrichtsstunde
Beispiel: David wird zum König gesalbt

Ziel der Unterrichtsstunde

Jede Unterrichtsstunde muss zunächst sich ein Ziel setzen. Die Schülerinnen und Schüler sollen nach der Stunde etwas können/wissen, was sie davor noch nicht konnten/wussten.

✗ *Die Schülerinnen und Schüler der Klasse 5 können die Geschichte von Davids Salbung zum König durch den Propheten Samuel (1. Samuel 16,1–13) nacherzählen und als Hoffnungsgeschichte auf ihre Erfahrung beziehen: Gott kann gerade unscheinbare Menschen zu wichtigen Aufgaben auserwählen.*

Unterrichtsverlauf

(I) Einstieg / Hinführung

In der Einstiegsphase muss es euer Ziel sein, das Interesse der Fünftklässler auf das Ziel der Unterrichtsstunde zu lenken. Nach dieser Phase sollen sie motiviert sein, in der Stunde mitzumachen, um dieses Ziel zu erreichen.

✗ *Beispielerzählung aus der Lebenswelt der Fünftklässler: Mannschaftswahl beim Sport*
Nach welchen Gesichtspunkten wählt ihr euer Team? (evtl. Tafelanschrieb – Hefteintrag?)

(II) Erarbeitung

In dieser Phase sollen die Fünftklässler die inhaltlich wichtigsten Aspekte der Unterrichtsstunde kennenlernen.

✗ *Kursbuch Religion elementar, S. 96 und 97*
Aufgabe 3
Sieben Symbole – besonders Horn eines Widders

(III) Anwendung / Übertragung auf das eigene Leben

Die Fünftklässler sollen in dieser Unterrichtsphase das Gelernte auf ihr alltägliches Leben beziehen.

✗ *Kursbuch Religion elementar, S. 96 und 97, Aufgabe 4*
Vgl. Tafelanschrieb der ersten Unterrichtsphase!

(IV) Kontrolle / Auswertung

Im Schlussteil der Stunde soll in irgendeiner Weise abgesichert werden, dass die Fünftklässler das Ziel der Unterrichtsstunde erreicht haben.

✗ *Lückentext zu 1. Sam 16,1–13 (mit Lösungswörtern)*
Evtl. auch als Hausaufgabe

M 5 Bewertungsbogen für die Unterrichtsstunde in Klasse 5

Name der Schülerin / des Schülers: ______________________ Klasse: ____

Thema der Stunde: ______________________

A. <u>Vorbereitungsphase</u>

Der Unterricht ist sorgfältig und termingerecht geplant.

trifft überhaupt nicht zu	trifft kaum zu	trifft mit Einschränkungen zu	trifft zu	trifft in besonderem Maße zu
0	1	2	3	4

B. <u>Unterrichtsstunde</u> am ______________________

a) *Einstiegsphase*

Es gelingt, die Fünftklässler für das Thema der Unterrichtsstunde zu interessieren.

trifft überhaupt nicht zu	trifft kaum zu	trifft mit Einschränkungen zu	trifft zu	trifft in besonderem Maße zu
0	1	2	3	4

b) *Erarbeitungsphase*

Die Fünftklässler lernen die wichtigsten Inhalte des Themas in verständlicher Form kennen.

trifft überhaupt nicht zu	trifft kaum zu	trifft mit Einschränkungen zu	trifft zu	trifft in besonderem Maße zu
0	1	2	3	4

c) *Kontrollphase*

Am Ende der Stunde wird deutlich, dass die Fünftklässler etwas dazugelernt haben, dass sie eine Beziehung zwischen dem gelernten Inhalt und ihrem alltäglichen Leben herstellen können.

trifft überhaupt nicht zu	trifft kaum zu	trifft mit Einschränkungen zu	trifft zu	trifft in besonderem Maße zu
0	1	2	3	4

C. <u>Auswertungsphase</u>

Die Stärken und Schwächen der gehaltenen Unterrichtsstunde werden erkannt und können ausgedrückt werden. Verbesserungsvorschläge aufgrund der Erfahrung in der gehaltenen Stunde werden gesehen.

trifft überhaupt nicht zu	trifft kaum zu	trifft mit Einschränkungen zu	trifft zu	trifft in besonderem Maße zu
0	1	2	3	4

Anmerkungen zu deiner Stunde: ______________________

____

____

Note/Begründung: ______________________

____

Bewertungsraster: 15 P. – 1// 12 P. – 2// 9 P. – 3// 6 P. – 4// 3 P. – 5// 0 P. –6

M 6 (L) siehe Seite 152

M 7

Informationstext der Schülerinnen und Schüler beim Elternabend der Klasse 5

XX:
Ich heiße XX, und zusammen mit den anderen möchte ich Ihnen unser Reliprojekt vorstellen. Zuerst will ich Ihnen mal eine Frage stellen (zu drei Eltern, vorne, Mitte, hinten): Woran erinnern Sie sich noch aus Ihrem Religionsunterricht? ...
So ähnlich habe ich mir das gedacht! Und das braucht Ihnen auch gar nicht peinlich sein, denn das geht ALLEN so. Und weil das so ist, haben sich die Reli-Macher überlegt, was man tun könnte, damit sich das ändert, und deswegen gibt es jetzt Projektgruppen, die sich überlegen, wie der Religionsunterricht interessanter gemacht werden kann und vor allem so, dass mehr hängen bleibt. Und über die Projektgruppe erzählt Ihnen jetzt XY was.

XY:
Ich heiße XY. Unsere Gruppe hat sich als Ziel gesetzt, dass es ganz sinnvoll ist, wenn ältere Schüler jüngeren Schülern was beibringen, einmal, weil wir, wenn wir unterrichten, was wir schon mal gehabt haben, das nämlich besser behalten und weil jüngere Schüler das eigentlich auch cool finden, wenn andere Schüler was für sie machen. Jetzt machen wir also Unterricht bei den Fünfern. Wie das organisiert wird, das erzählt Ihnen jetzt YX.

YX:
Jeder weiß, dass man das Lernen üben muss. Man braucht Ideen dazu und halt Zeit. Deswegen bereiten wir in unseren eigenen Relistunden den Unterricht für die Fünftklässler vor. Insgesamt wollen wir vier Themen erarbeiten und die dann auch unterrichten. Damit wir auch »normalen« Reliunterricht haben, werden wir zwei Themen, die man in Klasse 7 machen muss, auch machen, und die übrige Zeit arbeiten wir in kleinen Gruppen an unseren Unterrichtsstunden für die Fünfer.
Damit man auch jedes Mal was schafft, müssen wir am Ende von jeder Vorbereitungsstunde ein Protokoll abgeben, das wird dann kopiert und in unser Portfolio abgeheftet. Wissen Sie was ein Portfolio ist? (ein paar Eltern fragen) Dann erkläre ich Ihnen das mal. Also, das ist so ein Ordner, in den man alles einheftet, was man an Material zu seinem Thema findet, die Arbeitsblätter, die wir uns ausdenken, oder andere Sachen, was man halt so im Unterricht herstellt – natürlich auch Klassenarbeiten. Auch Fotos über die eigenen Stunden – damit man nachher zeigen kann, was man sich alles zum Thema erarbeitet hat. Und dieser Ordner wird dann als zweite Klassenarbeit bewertet. Die andere Klassenarbeit geht über den Stoff von einem unserer Pflichtthemen.

YY:
Ich heiße YY, und ich sage jetzt was dazu, wie das Ganze dann für die Fünfer aussieht. Der Unterricht läuft ganz normal, außer dass wir, als Schüler der 7, dienstags in der ersten Stunde und manchmal auch mittwochs den Unterricht an Stelle von Frau N.N. halten. Wir werden meistens zu zweit oder vielleicht zu dritt kommen, damit keiner alleine eine Stunde halten muss, und Frau N.N. ist auch immer dabei. Wie die Fünfer ihre Relinote bekommen, das erklärt Ihnen Frau N.N. dann selbst.

Sieger Köder Jakobs Kampf *s/w-Abbildung auf S. 42*

Matthias Grünewald, Kreuzigung, aus dem Isenheimer Altar (um 1515), Bildausschnitt: Johannes der Täufer
s/w-Abbildung auf S. 92

Matthias Grünewald, Kreuzigung, aus dem Isenheimer Altar (um 1515) *s/w-Abbildung auf S. 96*